Steuerkuriosa seit Menschengedenken

Trostbilder für Steuerzahler aus fünf Jahrtausenden

Gesammelt
von Alfons Pausch

Verlag Dr. Otto Schmidt KG

CIP-Kurztitelaufnahme der Deutschen Bibliothek

Pausch, Alfons:

Steuerkuriosa seit Menschengedenken: Trostbilder für Steuerzahler aus 5 Jahrtsd. / ges. von Alfons Pausch. – 6. Aufl. – Köln: O. Schmidt, 1985.

ISBN 3-504-01867-4

6. Auflage.

Verlag Dr. Otto Schmidt KG, Köln 1979/86.
Druck: J.P.Bachem GmbH & Co. KG, Köln.
Einbandgestaltung: Wolfgang Raquet.

Inhalt

Inhalt

Dem steuerzahlenden Publikum

Folgende Bilder seien ins steuerzahlende Publikum gestreut mit der Absicht, neues Anschauungsmaterial zur Bewältigung der quälenden Steuerkomplexe zu liefern. Dabei liegt es am Thema, vornehmlich das Prickelnde und Lasterhafte zu zeigen, wie es uns von den Chronisten, Poeten, Malern und Bildhauern in erregender Fülle überliefert wird. Schon der Gedanke, daß sich der Künstler durch sein Werk von einem inneren Druck zu befreien pflegt, mag auf den steuergedrückten Beschauer wohltuend wirken. Darüber hinaus können die Bilder und Dokumente zu dem aktiven Kunsterlebnis anregen, sich — je nach „Veranlagung“ — durch Verwünschungen, Kopfschütteln oder Schmunzeln von der eigenen Steuerheimsuchung zu erleichtern. Ja, so wie der Fakir sich auf das Nagelbrett wirft, um den Kummer durch Schmerzen zu überwinden, so wollen wir uns tollkühn auf die Merkwürdigkeiten der Steuern stürzen, um von ihnen Linderung zu erfahren.

Es ist eine ungemein spannende Geschichte, die uns die Steuern mit ihren Ahnen und Brüdern — Fron, Tribut und Zöllen — erzählen. Manches, was den Zeitgenossen selbstverständlich war, ist durch den Wandel der Verhältnisse für uns kurios geworden. Vieles trägt den Stempel zeitloser Seltsamkeiten an sich. Eines ihrer eigenartigsten Merkmale ist die Abwehrstimmung, die Steuern seit Menschengedenken erzeugen. Gerade das ist der Quell, dem diese Blätter ergötzliche Zeugnisse zum Trost für die Gegenwart verdanken.

Das älteste Steuersprichwort

Es ist kaum zu fassen: Die ersten Steuern der Weltgeschichte sind mindestens 5000 Jahre alt! Und was noch viel aufregender ist: Sie erzeugten schon damals Empfindungen, die den unsrigen in nichts nachstehen.

Es geschah in der Zeit des Übergangs von der Ackerbau- zur Stadtkultur zwischen Euphrat und Tigris. Man errichtete einen Tempel für die Götter, denen das Land gehörte, setzte einen Tempelschatzmeister ein, der Schatzhaus und Vorratskammern baute, bildete Schreiber und Aufseher aus — und der Einzug von Tier- und Fruchtabgaben konnte beginnen. Das war die Morgenröte der Naturalsteuern und ihrer Einnehmer. Gegen Überfälle von Nomaden und benachbarter Tempelherren wurden Stadtmauern gezogen, gegen Überschwemmungen Damm- und Kanalbauten angelegt: die Geburtsstunde der Frondienste und Fronvögte. Auf Eroberungszügen erzwang man „Geschenke" für das Schatzhaus und die Vorratskammern: die Erfindung der Tribute. Das alles wissen wir heute aus den freigelegten Tontafelarchiven mit Steuerquittungen, Fron- und Tributlisten der Sumerer, des ältesten Schriftvolkes der Erde in Mesopotamien.

Doch erst vor kurzem ist im sumerologischen Institut der Universität Philadelphia dieser Keilschrifttext aus dem 3. Jahrtausend v. Chr. entziffert worden:

„Du kannst einen Fürsten lieben,
Du kannst einen König lieben,
Aber der Mann, den du fürchten mußt,
Ist der Steuereinnehmer."

Das erste Steuersprichwort der Weltgeschichte — welch zeitnaher Stoßseufzer, welch Meisterwerk der modernen Tiefenpsychologie! Nach Siegmund Freud erzeugen pointierte Seufzer Lustgefühle, die auf Ersparnis an seelischem Aufwand zurückzuführen sind. Sie helfen Hemmungen überwinden und geben inneren Stauungen ein Ventil.

Uns Nachlesern erscheint schon das Wiedererkennen, das Wiederfinden des Bekannten, lustvoll.

Blick in die steuergeschichtliche Sammlung der Universität Philadelphia mit den ältesten Steuertexten der Weltgeschichte. Die Lupe ist auf das Tontäfelchen mit dem Steuersprichwort gerichtet.

Tributmädchen

Wer im Louvre die Scherbe mit den Tänzerinnen von Reï entdeckt, die gerade einen Schlängelreigen eröffnen, wird in Verzückung geraten. Doch wer von dem Menschentribut der Frühkulturen weiß, wird bei der Frage nach ihrer Herkunft und sonstigen Verwendung mit Bangen erfüllt.
Trugen sie jene Mädchennamen, die auf den Tempelabgabe- und Tributlisten des alten Orients inmitten begehrter Luxusartikel, wie Riechölen und Gewürzen, erscheinen? Waren es Tempeljungfrauen, die sich aus sakralen Menschensteuern rekrutierten? Stellten sie eine Haremsbeisteuer an den Palast dar? Eine Keilschrifttafel berichtet von einem Tributfeldzug gegen den König von Namri: „Seine Götter, seinen Besitz, seine Habe, die Freudenmädchen seiner Paläste, ohne Zahl, schleppte ich fort." Die Bibel erinnert an die Prophezeiung Samuels über das Recht des Steuer- und Tributherrn: „Euere Töchter aber wird er nehmen, daß sie Salbenbereiterinnen seien ... und euere schönsten Jünglinge wird er nehmen und seine Geschäfte damit ausrichten." Noch Herodot, der um die Mitte des 5. Jahrhunderts v. Chr. Kleinasien durchquerte, erzählt verwunderliche Geschichten: „Die Kolcher und ihre Nachbarn bis zum Kaukasus legten sich Abgaben auf, die sie bis auf meine Zeit alle 5 Jahre darbringen, nämlich hundert Knaben und hundert Mädchen." „Babylon und das übrige Assyrien", heißt es weiter, „zahlten an Steuern 1000 Talente Silber und stellten 500 verschnittene Knaben." Von den Nachbarvölkern entrichteten „die Äthiopier in jedem dritten Jahr, und zwar bis heute, 200 Stämme Ebenholz, 5 äthiopische Knaben und 20 große Elfenbeinzähne". Ähnliches wird später von den Inkas berichtet. Prof. Disselhoff, einer ihrer Erforscher, schreibt: „Der größte Teil der Kindertribute bestand anscheinend in Mädchen von 10 bis 15 Jahren. Sie lernten Opfergetränke und -speisen bereiten, die Altäre der Götter schmücken und andere weibliche Verrichtungen. Es gab die ‚Acllas', die zu Konkubinen des Herrschers bestimmt waren, und solche, die der Herrscher als Belohnung für besondere Dienste und als Zeichen seines Wohlwollens an Häuptlinge zu vergeben pflegte."
Wer möchte sie zurückrufen, jene Jungfernschaft der Steuern?

Die Tänzerinnen von Reï (Fundstätte im Iran). Bemalte Tonscherbe, 4. Jh. v. Chr., jetzt im Louvre, Paris.

Die erste Steuerreform

Es gibt kaum einen spannungsgeladeneren Begriff als die „Steuerreform". Wieviel Sehnsucht und Verdruß, Hoffnung und Enttäuschung, Mut und Verzweiflung sind in diesem Wort vereint! Aber — so war es schon immer.
Die Weisen aus dem Morgenlande überlegten schon 3000 Jahre vor unserer Zeitrechnung, ob es auf die Dauer sinnvoll sei, die delikaten Tempelabgaben den Göttern zu opfern. Das Ergebnis war die Umwandlung in Palastabgaben und die Enteignung des Tempelgutes zugunsten des Fürsten und seiner Gehilfen. Habsucht und Ausbeutung blühten auf. Das gedrückte Volk wartete verzweifelt auf die „Große Steuerreform".
Es war einer der aufsehenerregendsten Funde unseres Jahrhunderts, als unter den Palastruinen der sumerischen Residenzstadt Lagasch ein Archivbericht über die erste, schriftlich festgehaltene Steuerreform zutage gefördert wurde. Er beginnt mit erschütternden Klagen über die Baufronden und Abgaben an den Tempel der Göttin Ba-u, der in ein „Haus der festen Lieferungen, worin die monatlichen und jährlichen Steuern erhoben werden", verwandelt worden war. Dann wird die Reform des Fürsten Urukagina geschildert, jener imponierenden Herrschergestalt, die die Tempelräuber und profitsüchtigen Steueraufseher verjagte: „Er vertrieb den Aufseher über den Schiffszoll, den Aufseher über die Esel- und Schafsteuer, den Aufseher über die Fischsteuer und den Magazinvorsteher. Er setzte den Silbereinnehmer ab, den man für das Scheren weißer Schafe bezahlen mußte. Er hob die Scheidungsabgabe und die Salbölsteuer auf. Er setzte die Erbschaftsteuer herab. Das Eigentum des Tempels wurde wieder streng respektiert. Von einem Ende des Landes zum anderen gab es keinen Steueraufseher mehr."
Wie lange dieses Steuerparadies gedauert hat? Es wurde, wie der Chronist berichtet, unter dem Ansturm eines tributhungrigen Nachbarfürsten „mit dem Winde verweht". Seither lebt die Menschheit in einem Dauerzustand der Hoffnungen und Enttäuschungen — in einer permanenten Steuerreform.

Naturalabgaben werden für ein Festmahl in den Palast gebracht. Ausschnitt aus dem Mosaik von Ur, aus der Zeit um 3500 v. Chr.

Die Blütezeit der „Körpersteuer"

Man steht überwältigt vor den Pyramiden und Riesensphinxen aus dem Reich der Pharaonen. Sie sind das Ergebnis von Frondiensten, jener Urform der Steuern, die im Garten des Nils zur höchsten Blüte entfaltet wurde.
Die Fremdenführer wußten darüber schon zu Herodots Zeiten gruselige Geschichten zu erzählen. „Es arbeiteten immer je 100 000 Menschen je 3 Monate lang", hielt der Vater der Geschichtsschreibung über den Bau der Cheops-Pyramide aus der Zeit um 2500 v. Chr. fest. „So war das Volk lange Zeit schwer geknechtet; 10 Jahre lang arbeiteten sie allein an der Straße, auf der sie die Steine zogen. An der Pyramide selbst aber baute man 20 Jahre." Über den Transport von ungeheuren Steinblöcken und Kolossalstatuen, die aus den Steinbrüchen Arabiens und Äthiopiens herbeigeschleppt wurden, schreibt er in einem Fall: „Der Transport dauerte 3 Jahre; 2000 Menschen waren dabei beschäftigt, den 6000 Zentner schweren Stein herbeizuschaffen." Unglaublich klingt der Bericht über den Bau eines Kanals in das Erytreische Meer, der 177 km lang wurde: „Als König Necho diesen Kanal grub, gingen dabei 120 000 Menschen zugrunde." Und so verrucht soll Cheops — nach den Schilderungen von Herodots Gewährsleuten — gewesen sein, daß er seiner eigenen Tochter befahl, auf verabscheuungswürdige Art den Pyramidenbau mitzufinanzieren: „Und so bat sie einen jeden, der auf ihr Lager kam, um einen einzigen Stein. Aus diesen Steinen, so erzählt man, ist dann die Pyramide erbaut, die vor der großen Pyramide als die mittlere der kleinen Pyramiden steht; sie mißt an jeder Seite 44,45 Meter."
Wo zeitgenössische Dekrete des Pharaonenreiches die „Körpersteuer" erwähnen, tragen sie fast immer die Klausel „Fronden aller Art". Im einzelnen werden vor allem Baufronden, Handwerkerfronden, Erntefronden, Jagd- und Transportfronden genannt. Wer denkt noch daran, daß sie bei uns erst im vorigen Jahrhundert abgeschafft wurden?

Baufron an der Cheops-Pyramide, die 230 m lang und 146,6 m hoch wurde. Kein Stein mißt weniger als 30 Fuß = 8,70 m.

Transportfron. Fortziehen eines Steinmonuments auf einer Schleife. Relief um 2000 v. Chr.

Kniende Steuerzahler

Wem ist es nicht schon ähnlich ergangen, als er über seiner Steuererklärung brütete: Da irrt man auf dem Fragebogen umher, der endlos wie die Wüste erscheint, lechzt schweißtriefend nach einer erfrischenden Abzugsquelle, bis man sich gleichsam in die Knie sinken und um Erbarmen flehen sieht.

Eine Fata Morgana? Bei den alten Ägyptern war dieser Kniefall harte Wirklichkeit. In der einstigen Beamtenstadt Sakkara bei Memphis hat ein Wesir in seine Grabkammer den Vorgang einer Steuererklärung um das Jahr 2300 v. Chr. einmeißeln lassen: Drei Vertreter der Steuerzahler haben sich mit einer Geste der Ergebenheit auf die Knie geworfen, um Pharaos Steuerschreibern ihre Angaben über die Vieh- und Ackersteuer zu machen und dabei um Gnade zu bitten. Ein vierter, der sich in aufrechter Haltung zu nähern wagte, wird von einem Aufseher am Nakken gefaßt und mit Stockschlägen in die Knie gezwungen. Am Ende des zersprungenen Reliefs ist noch ein Delinquent am Schandpfahl dargestellt, der ebenfalls seine Prügel empfängt. — Auch das Grab des Kegmnj enthält eine anschauliche Darstellung, wie die Untertanen von zwei Beamten handgreiflich vor den Schreibern geduckt werden. Ganz ähnliche Bilder sind in den Gräbern von El Bersheh verewigt, wo bei den Zählungen für die Viehsteuer die Vorgeführten bereits zur Begrüßung niedergeduckt werden. Die Finanzgewaltigen, die solche Ehrerbietung verlangten, führten erhabene Titel, wie „Schatzmeister Gottes" oder „Vorsteher der Hörner, Klauen, Federn und Flossen". Einer gab sich den Rang eines „Vorstehers von allem, was existiert und nicht existiert".

Wir können vor diesem Relief nicht lange genug verweilen. Es ist ein drastisches Spiegelbild des absoluten Staates jener Zeit. Sein Inhalt hat sich in abgewandelter Form durch die Jahrtausende wiederholt: die Gefügigmachung des steuerzahlenden Untertanen bis zur Demütigung und Erniedrigung. Es bedarf unablässiger Bemühungen, die im Menschen lauernden Gefahren des Machtrausches und Obrigkeitsdünkels zu bändigen.

Steuererklärung im alten Ägypten. Relief am Grabe des Wesirs Mereruka in Sakkara. Anfang der 6. Dynastie (2315 — 2190 v. Chr.).

Die Säumnisbastonade

Es ist erstaunlich, aus welch uraltem Brauchtum der moderne Steuergesetzgeber zu schöpfen weiß. Das wird einem klar, wenn man den Terminus technicus für die Folgen versäumter Steuertermine mit den entsprechenden Zwangsmitteln des antiken Steuerstaates vergleicht. „Säumniszuschläge“ heißen sie in unserem Steuersäumnisgesetz. „Säumnisbastonade“ bedeuteten sie schon im Reich der Pharaonen.

Wie die „Zuschläge“ ursprünglich wort- und gesetzestreu ausgeführt wurden, das schildern eine Reihe von Wandmalereien und figürliche Grabbeigaben der altägyptischen Kunst. Im Grabe des Jbj in Deir el Gebrawi sehen wir einen Säumigen nackt auf dem Boden langgestreckt, wie er, an Händen und Füßen festgehalten, nach Kommando die Zuschläge empfängt. Am Grabmal des Mennah in Theben sieht man zwischen Bildern mit Ernte- und Ruderfronen reihenweise Säumige zum Prügelgang antreten. Wer das Museum in Kairo besucht, wird vom Museumsführer als besondere Originalität das „Steueramt im Glaskasten“ erläutert bekommen: In einer langen Vitrine wird die Ablieferung der Viehsteuer zur Zeit der Pharaonen demonstriert. Der säumige Viehtreiber wird vor einem Podium mit Steuerschreibern und Aufsehern öffentlich verprügelt. Die Szene ist in kleinen Tonfiguren gefaßt, die als Grabbeigabe gefunden wurden. Nach der Überlieferung soll für jeden Tag Säumnis ein Stockschlag oder Peitschenhieb auf Fußsohlen, Gesäß oder Rücken verabreicht worden sein. Heute wird 1 vH Zinsen pro Monat berechnet.

In einem Dekret Sethos I. sieht eine Strafbestimmung das Abschneiden von Nase und Ohren und die Versetzung zur Fronarbeit, außerdem die Auslieferung von Frau und Kind als Tempelhörige vor. An anderer Stelle wird für den Entzug fiskalischen Viehs die Strafe des Pfählens — des Aufspießens auf einen spitzen Pfahl bei lebendigem Leibe — angedroht.

Hm, 30 Peitschenhiebe oder 1 vH Zinsen? Auch wenn es schwer zu verstehen ist: Die Methoden der Steuereintreibung sind heute in einem Verfeinerungsprozeß begriffen.

Antritt zur Säumnisbastonade. Wandbild im Grabmal des Mennah in Theben unter Thutmosis IV. (1420—1402 v. Chr.).

Steuerflucht aus Ägypten

Neugierig schlagen wir die Geschichtsbücher des Alten Testaments auf, um den frühesten Steuerzeugnissen der Bibel nachzuspüren.

Da stoßen wir gleich im 1. Buch Mose auf Joseph, der im ägyptischen Exil Pharaos Traum von den sieben fetten und mageren Kühen deutete und zum obersten Schatz- und Kornmeister des Landes eingesetzt wurde. Er stellte in seiner Funktion als „Finanzminister" einen Haushaltsplan für 14 Jahre auf, den längsten der Weltgeschichte: „Man nehme den Fünften in Ägypterland in den sieben fetten Jahren und sammle alle Speisen der guten Jahre, die kommen werden, daß sie Getreide aufschütten in Pharaos Kornhäuser zum Vorrat, auf daß man Speise vorfinde in den sieben mageren Jahren." So wurde die Krisenzeit durch eine Verdoppelung des Steuersatzes von 10 auf 20 vH — vom Zehnten auf den Fünften — vorfinanziert. Doch blieb diese Steuererhöhung auch nach der Krise bestehen: „Also machte Joseph ihnen ein Gesetz über der Ägypter Felder, den Fünften Pharao zu geben, bis auf diesen Tag."

Da kam ein neuer Pharao, fährt das 2. Buch Mose fort, der sah mit Besorgnis, wie sich die Kinder Israels vermehrten. Der kam auf die moderne Idee, mit Steuern Bevölkerungspolitik zu treiben: „Wohlan, wir wollen sie mit List dämpfen, daß ihrer nicht zu viele werden", sagte er. „Man setzte Fronvögte über sie, die sie mit schweren Diensten drücken sollten ... Die Ägypter zwangen die Kinder Israels zum Dienst mit Unbarmherzigkeit und machten ihnen ihr Leben sauer mit schwerer Arbeit in Ton und Ziegeln und mit allerlei Frönen auf dem Feld und mit allerlei Arbeit, die sie ihnen auflegten mit Unbarmherzigkeit." Eine ägyptische Urkunde aus der Zeit Ramses II. (1298—1224 v. Chr.) berichtet, daß sie „Steine herbeischleppen für die große Festung der Stadt des Ramses". Als ihnen Moses die Worte des Herrn verkündete: „Ich will euch ausführen von euren Lasten in Ägypten und will euch erretten von euren Frönen", da hörten sie es nicht „vor Seufzen und Angst und vor harter Arbeit".

Es war eine Flucht vor der Steuer, als Moses um 1250 v. Chr. sein Volk aus Ägypten wegführte. Geblieben bis heute ist sein Gesetz: „Die Fremdlinge sollst du nicht schinden noch unterdrücken: denn ihr wisset um der Fremdlinge Herz aus dem Ägyptenland."

Aufstapeln der Getreideabgaben im Kornhaus.

Semiten (helle Figuren) beim Ziegelfrondienst. Relief am Grabmal des Wesirs Rechmire um 1400 v. Chr.

Steueraufruhr nach Salomos Tod

In tröstlicher Erwartung ziehen wir mit den Kindern Israels von Ägypten nach Kanaan, in das gelobte Land.
Hier scheint in der Tat zunächst der sagenhafte Steuersatz von 10 vH, der Tarif des „Zehnten" gegolten zu haben. „Alle Zehnten im Land von Samen des Landes und von Früchten der Bäume, und alle Zehnten von Rindern und Schafen, von allem, was unter dem Hirtenstabe geht, das ist ein heiliger Zehnt dem Herrn", heißt es bei Moses um 1200 nach dem Auszug aus Ägypten. Doch schon bei der Gründung des ersten israelitischen Königreichs im Jahre 1020 v. Chr. verkündet ein Prophet: „Das wird des Königs Recht sein: Eure Söhne wird er nehmen zu Ackerleuten, die ihm seinen Acker bauen, und zu Schnittern in seiner Ernte, und daß sie seine Kriegswaffen und was zu seinen Wagen gehört, machen ... Euere besten Äcker und Weinberge und Ölgärten wird er nehmen und seinen Dienern geben. Dazu von eurer Saat und euren Weinbergen wird er den Zehnten nehmen und seinen Kämmerern und seinen Dienern geben. Von euren Herden wird er den Zehnten nehmen, und ihr müßt seine Knechte sein." So kam es auch hier wieder zu harten Frondiensten, Vermögensabgaben und Sondersteuern, die neben dem Zehnten zu leisten waren. König Salomo teilte das Land in 12 Steuerbezirke ein und setzte ihnen Steuervögte vor, die ohne Rücksicht auf die 10-vH-Klausel den anspruchsvollen Speisezettel des Hofes erfüllen mußten. „Und Salomo hob", so heißt es im „Buch der Könige", „Fronarbeiter aus von ganz Israel, und ihre Zahl war 30 000 Mann, und sandte sie auf den Libanon (zum Zedernfällen) ..., und er hatte 70 000 Lastträger und 80 000, die da Steine hieben auf dem Berge, ohne die obersten Amtsleute, die (als Fronvögte) über das Werk gesetzt waren: 3300, welche über das Volk herrschten, das da am Werk frönte."
Das konnte nicht lange gut gehen. Nach Salomos Tod sandte das unterjochte Volk die Ältesten zu seinem Sohn Rehabeam, um Steuererleichterung zu erflehen. Doch dieser entgegnete: „Nun, mein Vater hat auf euch ein schweres Joch geladen. Ich aber will es noch mehr über euch machen: Mein Vater hat euch mit Peitschen gezüchtigt; ich will euch mit Skorpionen züchtigen. Mein kleinster Finger soll dicker sein denn meines Vaters Lenden." Da brach ein Aufruhr aus. Zehn Stämme Israels lösten sich aus dem Steuerstaat Judas. „Und da Rehabeam hinsandte Adoram, den obersten Chef der Fron und Steuer, warf ihn ganz Israel mit Steinen zu Tode. Aber Rehabeam stieg stracks auf einen Wagen, daß er flöhe" (1. Könige 12, 18).

Rehabeam verkündet ein noch härteres Steuerjoch. Links im Bild ein Steuervogt mit der Stachelpeitsche (Skorpion).

Israels König als Tributär

Kanaan, der ursprüngliche Name des gelobten Landes, bedeutet „Roter Purpur“. Der kostbare Schneckenfarbstoff und die Edelmetalle des Landes sollten ihm nach der staatlichen Zersplitterung bald zum Tributverhängnis werden.

„Und es kam“, so berichtet die biblische Geschichte, „Phul, der König von Assyrien, ins Land. Und Israels König Menahem gab dem Phul tausend Zentner Silber ... und setzte eine Steuer auf die Reichsten, fünfzig Silberlinge auf einen jeglichen Mann, daß er's dem König von Assyrien gäbe.“ Wider Israels König Hosea „zog Salmanassar herauf. Und Hosea war ihm untertan, daß er ihm Geschenke gab ... und als er nicht darreichte Geschenke wie alle Jahre, griff er ihn und warf ihn ins Gefängnis“. Hiskia, dem König von Juda, „legte er 300 Zentner Silber auf und 30 Zentner Gold“. Als der König von Juda abtrünnig wird und dem Babylonier den Tribut verweigert, wird Jerusalem zerstört und das Volk deportiert. „Und sie schlachteten Zedekias, des Königs von Juda, Kinder vor seinen Augen und blendeten Zedekia die Augen und banden ihn mit Ketten und führten ihn gen Babel.“ Die Annalen des Assyrerkönigs Salmanassar III. (858 bis 824 v. Chr.) stimmen mit diesen Bibelzitaten überein: „Ein gewaltiges Blutbad richtete ich an, die Einwohner schleppte ich fort, Abgabe, Tribut und Fron legte ich ihnen auf.“ Siegesstelen bezeichnen die Endpunkte seiner Tribut-Expeditionen. Am berühmtesten wurde sein „Schwarzer Obelisk“, der in Keilschrifttexten und Flachreliefs Tributszenen verherrlicht. „Als Abgabe des Königs Jehu von Israel empfing ich Silber, Gold, eine Schale aus Gold, eine Schüssel aus Gold, Kelche aus Gold, Schöpfeimer aus Gold, Zinn, ein Zepter für die Hand des Königs und Waffen“, heißt die Beischrift zu einem der Bilder, die den Aufmarsch israelischer Tributträger und ihren König beim Kniefall vor dem Tributherrn zeigen. Die ringsumlaufenden Reliefbänder gleichen einem Supermarkt mit Tributartikeln: Kamele und Jagdtiere, Zwergelefanten und Affen, Goldstaubbeutel, Silbergefäße, Bronzetöpfe, Elfenbein und Kannen voller Purpursaft.

So war auf die Beseitigung des Steuerdrucks im Innern ein noch viel härteres Steuerjoch von außen gefolgt, das schließlich in der babylonischen Gefangenschaft endete. Das Schicksal, Tributär zu werden, schwebt seit eh und je wie ein Damoklesschwert über kleinen oder geschwächten Völkern.

Vorderseite des „Schwarzen Obelisk“ mit Tributabgaben der Israeliten. In der 2. Reihe von oben liegt König Jehu auf den Knien vor dem Tributherrn Salmanassar III. (842 v. Chr.).

Der Zirkustribut

Die alten Römer sind die Klassiker der Steuerüberwälzung. Ihre Kunst, die Abgaben auf fremde Völker abzuschieben, blieb jahrhundertelang unübertroffen. Dabei stützten sie sich auf eine der einfallsreichsten Leidenschaften des ästhetischen Menschen: den Spieltrieb, der zur Wettkampflust gesteigert wurde.

Zunächst wurden Überwälzungskommandos gegründet, die sich Steuerpachtgesellschaften nannten und in der Erfindung skrupelloser Spielregeln miteinander wetteiferten. Livius klagt: „Sie machten sich vom Staatsrecht unabhängig und plünderten die Provinzen aus. Der Senat wagte es (im Jahre 213 v. Chr.) nicht, eine Anzeige gegen einen Steuerpächter wegen Betrugs zu machen." Um von ihren ruchlosen Spielen abzulenken, überschütteten sie Rom mit exotischen Tributartikeln. Ja, sie machten daraus ein großes Geschäft: Sie reizten zum Bau neuer Zirkusanlagen, für die sie auf das Konto der Steuerpacht die Baugelder vorschossen, strichen dafür unverschämte Zinsen ein — bis zu 48 vH im Jahr sind bezeugt — und erhielten nun den Dauerauftrag zum Einzug der „Aedilensteuer", die ein Tribut der eroberten Provinzen an den Zirkus mit seinem riesigen Tier- und Menschenpark war. Cicero, ein Gegner der verschwenderischen Volksspiele, widmete dem Statthalter einer Ostprovinz diese Satire: „Wie groß ist jenes dein Verdienst, daß du Asien befreit hast von den so ungerechten und drückenden Abgaben für die Aedilen, eine Maßnahme, die mir persönlich große Anfeindungen eingetragen hat! Wenn nämlich schon ein einziger Steuerpächter ganz offen sich beklagt, du habest durch dein Edikt: ‚Für Veranstaltungen von Spielen werden künftig keine Gelder mehr in meinen Provinzen erhoben', ihn um 200 000 Sesterzen gebracht, wie hoch würden sich dann wohl die zu zahlenden Beträge belaufen, wenn die Gelder auf den Namen aller derer gezahlt werden müßten, die in Rom Spiele veranstalten möchten?"

Der Überwälzungsgedanke des römischen Zirkustributs wird heute noch in Monaco praktiziert. Dort werden die Fremden mit einer so hohen Spielbankabgabe belegt, daß die Einheimischen steuerfrei bleiben können.

▸

Tribut an Cäsar. Aus den Provinzen Asiens werden exotische Tiere für die Zirzensischen Spiele und Pferde für die Wagenrennen vorgeführt. Gemälde von Andrea del Sarto, Florenz (1521).

Münzen verkünden Steuernachlaß

Die römischen Kaiser brauchten viel Geld für ihr „Körbchen“, das sie fiscus nannten. Als die Provinzen genügend ausgesaugt waren, versuchten sie ihr Glück auch am eigenen Volk.

Augustus begann zunächst mit dem „Zwanzigsten“, einer 5%igen Vermögensabgabe, die bei den Vollbürgern einen so heftigen Widerstand erzeugte, daß sie nur gegen die Toten — in Form einer Erbschaftsteuer — durchzusetzen war. Nach Beendigung der Bürgerkriege gelang ihm etwa um 30—20 v. Chr. die Einführung der Centesima, des „Hundertsten“, einer Umsatzsteuer von 1 vH. Die Römer wehrten sich jahrzehntelang gegen diese neue Steuer, bis sie Tiberius 17 n. Chr. in eine Ducentesima, den „Zweihundertsten“, umwandelte, den Steuersatz also auf $1/2$ vH herabsetzte. Aber auch dieser Satz wurde als lästig empfunden und brachte den Kaiser um die Gunst des Volkes. Da kam Caligula, der an sich Steuererhöhungen anstrebte, um das Jahr 40 n. Chr. auf den Dreh, die Steuer vorübergehend außer Kraft zu setzen. Aus diesem Anlaß ließ er im Tempel der Juno Moneta auf dem Kapitol Münzen prägen, die weithin verkündeten: „RCC = Remissa ducentesima“, die Steuer ist aufgehoben! Bei den Zirkusspielen warf er Geschenkgutscheine unter die Menge, die an der Steuerkasse eingelöst werden konnten. Das Volk jubelte ihm zu — bis die Kassen leer waren und er nun mit gutem Grund um so höhere Steuern einführen konnte. Das wiederholte sich unter seinem Nachfolger Claudius, der als Regierungsantrittsgeschenk die unbeliebte Marktsteuer seines Vorgängers — das portorium nundiniarium — durch ein ähnliches Münzedikt beseitigte.

Für die viel häufigeren Steuererhöhungen wurden keine Münzen geprägt; da wäre der Göttin Juno mit dem Beinamen Moneta, dh. „Ermahnerin zur Ehrlichkeit“, vielleicht das Metall ausgegangen. Caligula ließ, wie uns Sueton überliefert hat, die neuen Steuern zwar proklamieren, aber nicht anschlagen, um dadurch die Einnahmen aus den Strafen zu vergrößern. Später ließ der Kaiser die Steuergesetze zwar anschlagen, aber in so kleinen Typen und an derart unzugänglichen Orten, daß niemand sie lesen oder abschreiben konnte. Aus jener Zeit stammt der römische Spruch: Fiscus non erubescit — Der Fiskus errötet nicht.

Kupfermünze des Kaisers Caligula mit der Aufschrift „RCC“ = Remissa ducentesima. Um 40 n. Chr.

Kupfermünze des Kaisers Claudius, die zwischen den Schalen der Waage die Abkürzung „PNR“ trägt, d. h. portorium nundiniarium remissum = Aufhebung der Marktsteuer. Um 54 n. Chr.

Steuern auf dem Scheiterhaufen

So wie Kaiser Justinian durch die Schaffung des Corpus iuris civilis dem römischen Zivilrecht Ewigkeitswert verlieh, so folgerichtig beschloß Trajan die Auslöschung des römischen Steuerrechts des ersten nachchristlichen Jahrhunderts.

Seine Vorgänger hatten es zu den schändlichsten Steuervorschriften gebracht. Sueton, der Kaiserbiograph, weiß Auswüchse zu berichten, die einem die Haare zu Berge treiben: „Keine Art von Gegenständen oder Menschen gab es, die nicht durch irgendeine Steuer erfaßt worden wären. Sogar die Dirnen hatten pro Tag den Gewinn aus einem Beischlaf abzuliefern, wobei zu diesem Gesetz ein Artikel hinzugefügt wurde, der auch frühere Dirnen und Kuppler, ja sogar jetzt verheiratete Personen dieser Vorschrift unterwarf.“ Das ist nur eines der Kabinettstücke aus der Steuerreform Caligulas. Neue Steuerquellen mußten erschlossen werden, als die Kosten für die Volksspiele weiter wuchsen und die Schwelgereien unter Kaisern wie Nero ins Unermeßliche stiegen. An einmaligen Ausgaben für Spiele werden Beträge bis zu 5 Millionen Mark erwähnt. Der schalkhafte Kaiser Vespasian, dessen Vater Steuerpächter war, zog noch einmal sämtliche Steuerregister. „Der einzige Fehler“, schreibt Sueton, „den man ihm mit Recht vorhalten konnte, war seine Habgier. Nicht damit zufrieden, die unter Galba aufgehobenen Steuern wieder einzuführen, fügte er neue drückende Abgaben hinzu, vergrößerte, ja verdoppelte zum Teil die Tributleistungen der Provinzen und trieb in aller Öffentlichkeit Geschäfte, deren sich sogar ein Privatmann hätte schämen müssen . . . Sein Sohn Titus machte ihm Vorwürfe, daß er auf die Idee gekommen sei, auch den Urin zu besteuern. Da hielt ihm Vespasian die ersten Geldstücke aus dieser Steuer unter die Nase und wollte wissen, ob der Geruch ihn störe, und als dieser verneinte, sagte er: Und doch kommen sie vom Urin.“

Erst Kaiser Trajan rief endlich aus: Genug des grausamen Spiels, und er befahl, alle Steuerbücher öffentlich zu verbrennen. Man schleppte sie — große Wachstafeln — in Bergen herbei und schichtete sie wie bei einer Hexenverbrennung feierlich aufeinander. Die Szene wurde in Stein gehauen, ihr Inszenator für alle Zeiten mit dem Beinamen „Optimus“ — der Beste — geehrt.

Verbrennung von Steuertafeln auf Befehl des Kaisers Trajan um 100 n. Chr. Relief im Forum Romanum in Rom.

Die Steuerschätzung in Bethlehem

Sie gehört zu den eindrucksvollsten Kapiteln des Neuen Testaments, die Weihnachtsgeschichte des Evangelisten Lukas. Aber sie hat einen bitteren steuergeschichtlichen Hintergrund.

„Und es geschah aber in jenen Tagen, da ein Erlaß ausging von Kaiser Augustus, das ganze Reichsgebiet zu schätzen. Es war die erste Schätzung dieser Art und ging vor sich, als Quirinius Statthalter in Syrien war. Und alle gingen hin, sich schätzen zu lassen, jedermann in seinem Meldeort. So zog auch Joseph von Galiläa aus der Stadt Nazareth hinauf nach Judäa, und zwar nach Bethlehem, der Stadt Davids, denn er gehörte zum Geschlecht Davids, auf daß er sich schätzen ließe, zusammen mit seiner Ehefrau Maria, die ein Kind erwartete.“

Die Schätzung oder der „Zensus“, wie der römische Fachausdruck hieß, war eine Großaktion zur Erfassung aller Steuer- und Tributpflichtigen des römischen Weltreichs. In den Provinzen erfolgte sie unter militärischer Leitung, so im Osten unter dem „Finanzgeneral“ Quirinius. Das Zensusrecht bestimmte: „Wer Grundbesitz in einer anderen Stadtgemeinde hat, muß seine Zensuserklärung dort abgeben.“ Der Geschlechtsverband Davids hatte kollektiven Erbsitz im Raum Bethlehem. Darum mußte Joseph dorthin. Auch die Frauen mußten mit, damit ihre persönlichen Kennzeichen eingetragen und sie verhört werden konnten. Der zeitgenössische Geschichtsschreiber Flavius Josephus berichtet: „Die Juden waren entsetzt über die Verhörmethoden, die bei der Schätzung zur Anwendung kamen.“ Bei Laktanz ist zu lesen: „Alle Marktplätze waren verstopft von herdenweise aufmarschierenden Familien. Überall vernahm man das Schreien derer, die mit Foltern und Stockschlägen verhört wurden, man spielte die Söhne gegen die Väter, die Frauen gegen ihre Ehemänner aus. Es gab keine Rücksicht auf Alter und Gesundheitszustand, Kranke wurden herbeigeschleppt und Gebrechliche. Ja man brachte eine Menge wirklich mittelloser Leute gegen alles Menschenrecht ums Leben.“

Jesus blieb damals noch verschont. Aber später schleppten sie ihn vor den römischen Finanzgeneral Pilatus, ihn zu verklagen: „Diesen finden wir, daß er das Volk abwendet und verbietet, dem Kaiser die Steuer zu geben . . .“ (Lukas 23, 2). Dann wird auch er verhört und gefoltert.

Kaiser Augustus erteilt das Edikt, das ganze Reichsgebiet zu schätzen (obere Bildhälfte). Zu diesem Zweck ziehen Joseph und Maria nach Bethlehem (unterer Bildteil). Aus dem Perikopenbuch Heinrichs II., um 1010 n. Chr. auf der Reichenau geschaffen.

Zöllner und Sünder

„Da sagen sie: Siehe, wie ist der Mensch ein Fresser und ein Weinsäufer, Geselle der Zöllner und Sünder!" (Matth. 11, 19). Mehr als ein Dutzend ähnlicher Bibelzitate nennen die Zöllner mit Sündern, Heiden, Mördern, Räubern, Betrügern, Ehebrechern und Dirnen in einem Atem. Wie entstand diese seltsame Analogie, die noch heute zu heimlicher Schadenfreude einlädt?

Im babylonischen Talmud, dessen Lehren und Gleichnisse zum Teil bis ins 6. Jahrhundert v. Chr. zurückreichen, erscheinen drei kuriose Listen anrüchiger Berufe. In der ersten finden sich „Eselstreiber, Kamelführer, Krämer, Ärzte und Fleischer"; sie wurden mit Mißtrauen bedacht. Die zweite Aufstellung enthält „Hausierer, Steinschleifer, Wäscher, Aderlasser und Bademeister", die wegen ihres täglichen Umgangs mit Frauen im Verdacht der Unsittlichkeit standen. In der dritten und schlimmsten Kategorie werden die „Würfelspieler, Wucherer, Wettveranstalter, Händler mit Früchten des Sabbatjahres, Hirten, Steuererheber und Zöllner" aufgezählt; die Zugehörigkeit zu einem dieser Gewerbe war nicht nur Schande, sondern Sünde. Sie hatte wegen unehrenhaften Verhaltens den Verlust sämtlicher bürgerlichen Ehrenrechte zur Folge. Die Steuererheber und Zöllner wurden gemeinsam meist als „Zöllner" bezeichnet, weil diesen in der Regel auch der Einzug der Kopfsteuer und Gewerbesteuer oblag. Sie nahmen in den drei Listen den letzten und damit verwerflichsten Platz ein. Ihr Gewerbe schien geradezu auf Betrug hin angelegt. Als selbständige Gewerbetreibende — sie waren keine Beamten — bestand für sie keine Bindung an bestimmte Zoll- und Steuersätze. Sie mußten ihrem Auftraggeber lediglich eine feste Jahressumme abliefern. Was sie darüber hinaus einheimsten, wanderte in ihre eigene Tasche. Der Habsucht und Willkür blieb daher ein weiter Raum. Zudem standen die Zöllner zu Christi Zeit im Dienst der verhaßten römischen Besatzungsmacht, die mit Hilfe der Steuerpachtgesellschaften die Provinz nach allen Regeln der Kunst aussaugte. Daher wurden die einheimischen Unterpächter aus der pharisäischen Gemeinschaft ausgestoßen und rechtlich den heidnischen Sklaven gleichgestellt.

Warum sich der Meister mit diesen Geächteten an einen Tisch setzte? „Er sprach zu ihnen: Fordert nicht mehr als gesetzt ist!" (Luk. 3, 13).

Jesus speist mit den Zöllnern und Sündern. Holzstich aus dem „Schatzbehalter“ 1491.

Der Apostel aus dem Zöllnerstand

„Und danach ging er aus und sah einen Zöllner namens Levi am Zoll sitzen und sprach zu ihm: Folge mir nach! Und der verließ alles, stand auf und folgte ihm nach“ (Luk. 5, 27—28).

Das ist ein bemerkenswertes Ereignis: Dieser Zoll- und Steuereinnehmer, der am Stadttor vor Kapharnaum die Geldkasse von sich stieß, wurde der Apostel Matthäus. Und seine Hände, die erst die Zoll- und Zinsgroschen haschten, führten nun die flammende Feder seines Evangeliums „Wider den Sammelgeist“: „Ihr sollt euch nicht Schätze sammeln auf Erden, da sie die Motten und der Rost fressen, und da die Diebe nachgraben und stehlen. Ihr sollt nicht Gold und Silber noch Erz in euren Gürteln haben.“ Die Kirchenväter und Mönche des Mittelalters haben sich in Wort und Bild seines Beispiels als Mahnung gegen den Mammon bedient. Wohin die Habsucht der „Zöllner und Sünder“ führen konnte, das schildert der dramatische Bericht des Kirchenvaters Laktanz über die Erpressungsmethoden in der römischen Provinz Syrien: „Wenn alles vergeblich durchprobiert war, folterte man die Steuerpflichtigen, bis sie gegen sich selbst aussagten, und wenn der Schmerz gesiegt hatte, schrieb man steuerpflichtiges Eigentum auf, das gar nicht existierte. Um die Steuerpflicht zu erreichen, wurde das Alter der Minderjährigen heraufgesetzt, das der Greise herabgesetzt. Aber die Steuerlisten der ersten Schätzer genügten noch nicht. Vielmehr schickte man immer weitere Kontrollkommissare, als könnten sie noch mehr aufspüren, und jedesmal wurde das Steuersoll verdoppelt.“

Pius XII. hat 1954 den Apostel zum Schutzpatron der Finanzbeamten erklärt. Aber auch unter den Steuerzahlern hat er seine Anhänger. Man erzählt, daß ein bibelfester Steuerzahler auf die Mahnung des Finanzamts Matthäus 18, 26 zitierte: „Herr, habe Geduld mit mir, ich will dir's alles bezahlen.“ Als die Berufskollegen des Apostels daraufhin mitleidvoll Stundung gewährten, ließ er als Nachschrift folgen: „Siehe auch Vers 18, 27.“ Und die verdutzten Matthäusschützlinge lasen: „Da jammerte den Herrn des Knechts, und er ließ ihn los, und die Schuld erließ er ihm auch.“

Berufung des Zöllners Levi zum Apostel Matthäus. Aus dem Perikopenbuch der Mönche von St. Ehrentrud zu Salzburg, um 1150.

Weiberaufstand gegen den Zehnt

Es muß turbulent zugegangen sein, als der biblische Zehnt im frühen Mittelalter zum kirchlichen und dann zum staatlichen Gesetz erhoben wurde. Lohn und Strafe, ja Himmel und Hölle wurden in Bewegung gesetzt, um die Zehntleistung zu sichern.

„Zehnten sind die Gaben dürstender Seelen", verkündeten die altkirchlichen Kanones jener Zeit. „Wer sich Lohn verdienen oder die Vergebung der Sünden erwerben will, soll den Zehnt bezahlen", warb eine andere Stelle. „Mit der Zehntzahlung wirst du nicht nur einen Überfluß an Früchten, sondern auch Gesundheit des Leibes und der Seele empfangen", hieß es weiter. Das Konzil von Maçon forderte 585 n. Chr. den Zehnten „unter Strafe des Bannes". Ein anderes Konzil versicherte zur Zeit einer Hungersnot, die Teufel hätten die Ähren ausgefressen, weil keine Zehnten entrichtet worden seien. Pipin mußte Polizeischutz aufbieten, als er die Zehnterhebung unter staatlichen Befehl stellte. Als Karl der Große das Zehntrecht auch den Sachsen aufzwang, brach ein Aufruhr aus, der nach Webers „Dreizehnlinden" gar noch das weibliche Geschlecht auf den Plan rief:

„Neue Gülte, Zins und Zehnten
Von der Wolle, von dem Flachse,
Von dem Honig neue Zehnten,
Neue Zehnten von dem Wachse;
Immer Dienst und Buß und Brüchte,
Daß der Schatz des Königs wachse;
Immer Zehnten, neue Zehnten,
Immer zahlen muß der Sachse!
Also sangen Weiberscharen,
Die das Tal hinauf sich trollten,
Weiberrache auszuüben
An dem Franken, dem sie grollten."

Es hat viel Blut und Tränen gekostet, bis der Verfasser des Sachsenspiegels im 13. Jahrhundert über das Zehntrecht den Satz schreiben konnte: „Wer den Zehenden gibt nach rechter Gewohnheit, der hat ihn wol gegeben."

„Wie man zehenden soll.“ Darstellungen zum Kornzehnt (oben und Mitte) und zum Bienenzehnt (unten) in der Dresdener Bilderhandschrift des Sachsenspiegels (entstanden um 1350).

Minnesteuer und Turmstrafe

Es gibt keine Kulturperiode, die nicht für zeitgemäße steuerliche Attraktionen gesorgt hätte. Das gilt auch für die Minnezeit des hohen Mittelalters.

Während Walther von der Vogelweide sein Lied von „Des küniges reht" — Des Königs Recht auf den Zinsgroschen — sang, kam Kaiser Otto IV. auf die Idee, den blühenden Minnedienst mit einer Art Minnesteuer zu belegen. Die Reinhardsbrunner Chronik berichtet darüber an zwei Stellen. Danach hat Ottos abtrünniger Kanzler, der Speierer Bischof Konrad von Scharfenberg, im Jahre 1213 im Dom zu Mainz unter seinem Eid öffentlich erklärt, daß der Kaiser die Organisation und den regalmäßigen Betrieb der Bordelle zugunsten des königlichen Fiskus erstrebe, um den Reichsfinanzen aufzuhelfen. Auch wenn das nur ein frivoler Scherz gewesen sein sollte, sahen sich nun die Scholastiker zur Durchleuchtung des Steuerrechts aufgerufen. Thomas von Aquin begann als einer der ersten zu untersuchen, wie es mit der inneren Rechtfertigung der Steuererhebung durch die geistlichen und weltlichen Fürsten stehe. Sein Steuerkapitel trägt die denkwürdige Überschrift: „Utrum rapina possit fieri sine peccato" = Kann Raub ohne Sünde geschehen? Und der fahrende Sänger Freidank streute in seine Minnelieder die Verse ein:

„Deutsche Land sind Raubes voll;
Gericht, Vogtei und Münz und Zoll,
Die man zum Guten einst erdacht,
Die sind zum Rauben nun gemacht."

Die Quellen verlassen uns, wenn wir das Strafgericht über die angesprochenen „Räuber" suchen. Indessen finden wir die beraubten Zensiten am Pranger und im Turm. Nach der Bamberger Peinlichen Steuerordnung von 1443 zB wurden Säumige, auch wenn sie inzwischen gezahlt hatten, 14 Tage „ohne alle Gnade" in den Turm geworfen. Im Turm aber befand sich die Folterkammer.

Abführung zum Turm. Holzschnitt aus der Bamberger Halsgerichtsordnung von 1507.

Das Ungeldamt

Die Renaissance des ausgehenden Mittelalters bedeutete auch im Steuerwesen das Wiederaufblühen antiker Künste. Neben der römischen Tortur, die in den Folterkammern einen ungeahnten Aufschwung erlebte, feierten Steuerpächter, Geldleiher und Wechsler ihre Wiedergeburt.

So finden wir in den neulateinischen Urkunden jener Zeit Ausdrücke für Steuerforderungen wie „crudelitas" — Grausamkeiten —, Bezeichnungen, wie sie einst in den römischen Provinzen aufgekommen waren. In Anlehnung an „finis" — das Äußerste, die Grenze — wurde der Berufsstand der Geldleiher und Wechsler, der auch die Staats- und Steuerkassen betreute, mit „finantzer" ins Neuklassische übersetzt. „Solche heiszt man die gorgelstecher oder kelstecher", schimpft Martin Luther. „Finantzer und Schmeichler allezeit hindern die Gerechtigkeit", urteilt Hans Sachs. Basilius Faber verwünscht den Finantzer als einen „Landbetrieger, der die Leute umbs Geldt bescheisset". Geiler von Kaisersberg macht sich Luft mit den Worten: „Wüchse der Leib und das Gras als Untreu, Finanz, Neid und Haß, so hätten die Schafe und Rinder heuer das Jahr guten Winter."

Wie mag es da wohl mit dem „Finanzamt" ausgesehen haben? Keine Angst, es kam nicht zu kurz: Man verlieh ihm das Prädikat „Ungeldamt", was besagen sollte, daß seine Kasse unredlich Geld aufnahm. Als mit dem Aufkommen der Münzwirtschaft eine Geldsteuer auf Getränke und andere Verbrauchsgüter proklamiert worden war, wurde diese Errungenschaft vom Volksmund als „Ungeld" gescholten. Berthold von Regensburg beschreibt es so:

> „Doch ist ein gelt ungelt genannt,
> dez wahrer name leider ist bekannt
> von sinem unrechte und großer untat,
> die daz selbe gelt an sich hat."

Der Name hat sich im Laufe der Zeit so eingebürgert, daß er sogar die Amtssprache eroberte. Für Jahrhunderte hat er sich in Amtsschilder und Steuermünzen eingeprägt.

Ungeldamtszeichen der Stadt Regensburg aus dem Jahre 1659

Steuern zur Glückseligkeit

Wahre Orgien sollten die Steuern unter den prunksüchtigen Landesfürsten des Absolutismus feiern. Man kam auf die phantastische Idee, die Steuerschraube zur Beförderung der „Glückseligkeit der Untertanen“ einzusetzen.
Die seelische Glückseligkeit zB wurde durch eine „Rebellionssteuer“ reguliert. Wer die Glaubenshaltung seines unfehlbaren Landesvaters abzulehnen wagte, war ein Rebell und damit sondersteuerpflichtig. In der Grafschaft Glatz ließ man auch noch die lange schon bekehrten Kinder und Kindeskinder dieses Glücks teilhaftig werden. Noch beim hochfürstlichen Hofrat von der Lith, einem aufgeklärten Verfechter der Glückseligkeitstheorie, ist mehr als 100 Jahre nach der Bekehrung der Untertanen darüber zu lesen: „Die Rebellionsgroschen haben ihren Ursprung aus dem 30jährigen Krieg, wie diese ganze Grafschaft der evangelischen Religion zugetan war. Zur Strafe wegen angeschuldigter Rebellion ist diese Abgabe dem Lande auferlegt, und nach völliger Ausrottung der protestantischen Einwohner noch immer bis auf die jetzigen Zeiten beibehalten und bei der Landrentei eingenommen worden.“ Gegen Defraudanten wurde ein „Malefitzfond“ eingerichtet, aus dem Steuerdenunzianten ein Drittel der Strafe ausgezahlt erhielten. Je mehr Steuern zirkulierten und je mehr der Landesfürst verbrauchte, desto glückbringender wirkte sich nach der herrschenden Theorie die Staatswirtschaft für die Untertanen aus. Die Steigerung der Prunksucht der Fürsten wurde durch sinngemäßes Höherschrauben der „Luxussteuern“ ausgeglichen: Der Fenster-, Türen- und Kaminsteuer, der Perücken-, Fontange-, Haarpuder-, Strumpf-, Stiefel- und Hutsteuern. Das unwürdigste Experiment der Neuzeit aber war die „Blutsteuer“, die rücksichtslose Aushebung von Landeskindern für ausländische Kriegsdienste gegen Kopfgelder, die in den Hofschatz flossen.
Noch der große Kameralist Justi, der sich ansonsten mutig gegen das „Abzapfen des Blutes von denen Unterthanen“ wandte, lehrte den wohlfahrtspolizeilichen Effekt der Steuern: Sind sie nicht zu gering, so „muß jeder alle möglichen Nutzungen von seinem Vermögen suchen; folglich werden die Gewerbe und die Circulation des Geldes immer mehr erweitert“. Sind die Steuern aber zu gering, so werden „viele Unterthanen Anlaß nehmen, der Neigung zur Faulheit nachzuhängen“.

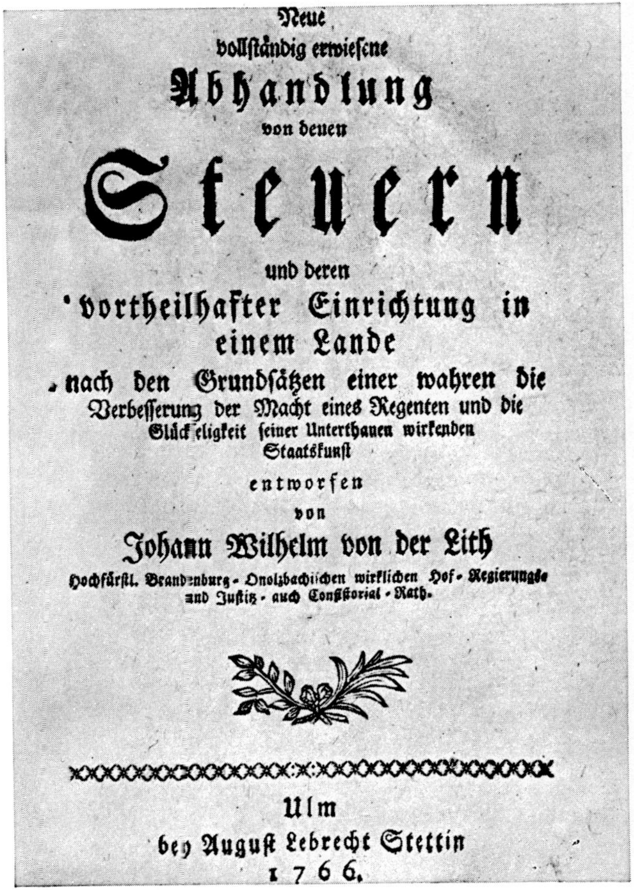
Neue
vollständig erwiesene
Abhandlung
von denen
Steuern
und deren
vortheilhafter Einrichtung in
einem Lande
nach den Grundsätzen einer wahren die
Verbesserung der Macht eines Regenten und die
Glückseligkeit seiner Unterthanen wirkenden
Staatskunst
entworfen
von
Johann Wilhelm von der Lith
Hochfürstl. Brandenburg-Onolzbachischen wirklichen Hof-Regierungs- und Justitz- auch Consistorial-Rath.

Ulm
bey August Lebrecht Stettin
1766.

Titelblatt des Steuerlehrbuches von Lith aus der Zeit der Glückseligkeitslehre, 1766.

Steuerlieder im Gesangbuch

Köstliche Blüten absolutistischer Steuerkunst enthalten die Predigt- und Gesangbücher des Herzogtums Württemberg aus dem 18. Jahrhundert, als die Untertanen vor den Steuertermintagen Georgi und Martini vom Landesvater in die Kirchen gerufen wurden.

Es begann mit einer Steuermahnung von der Kanzel. In einer hochfürstlich approbierten Predigtsammlung wurden dem Pastor auserlesene Zitatdeutungen an die Hand gegeben, etwa so: „Da die H. Schrift die Regenten vielfältig als Hirten des Volcks vorstellet, so eignet sie ihnen eben dadurch das Recht zu, der Milch und der Wolle der Schaafe zu genießen." Es folgte ein gemeinsames Gebet auf die Vertreter der Obrigkeit, das in den Worten ausklang:

„Vor ihre Treu und Fleiß laß mich,
Auch wenn sie werden wunderlich,
Gehorsam seyn und danckbar. Amen."

Aus allen Kehlen erschollen sodann die „reinen und kräftigen Lieder" als eindringliche Selbstmahnung der reumütigen Steuranten:

„Hilf, daß wir geben hertzlich gern
Und zwar bey Zeit und richtig,
Was jeder seinem Oberherrn
Sich weißt zu steuern pflichtig.
Inmaßen es dein Wort gebeut,
Das spricht: Gebt, was ihr schuldig seyd;
Steuer, dem sie gebühret."

Die Mahnstunde endete mit einem Choral auf die „Pflichten der Unterthanen", der in den Strophen gipfelte:

„Ehre, furcht, wem sie gebührt;
Steuer, Zoll, dem, der regiert.
Gib, als gäbst du's Gott dem Herrn,
Was du schuldig bist, stets gern.

Glücklich ist dann und vergnügt,
Der im Schweiß die felder pflügt;
Er ist treu dem Landesherrn,
Und gehorcht den obern gern."

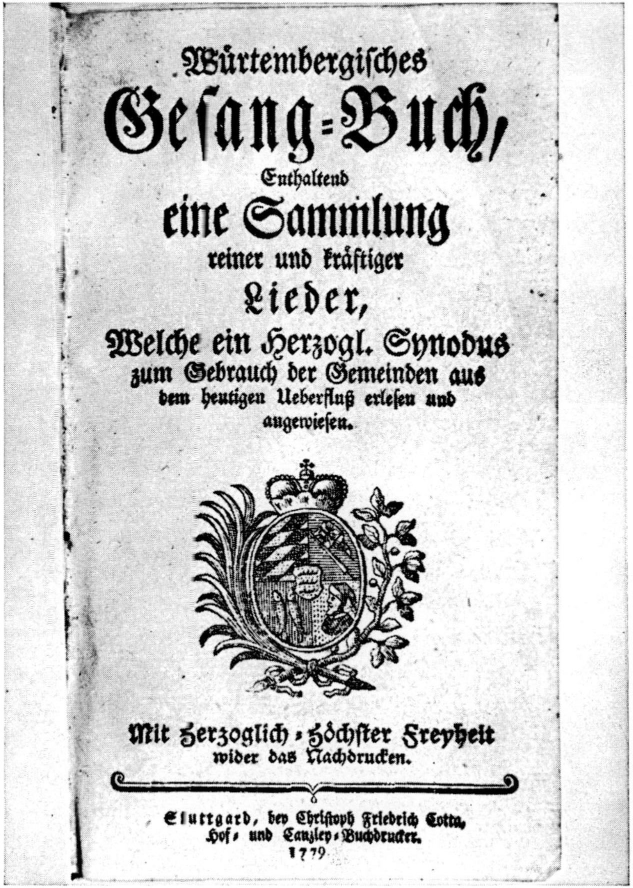

Würtembergisches
Gesang-Buch,
Enthaltend
eine Sammlung
reiner und kräftiger
Lieder,
Welche ein Herzogl. Synodus
zum Gebrauch der Gemeinden aus
dem heutigen Ueberfluß erlesen und
angewiesen.

Mit Herzoglich-Höchster Freyheit
wider das Nachdrucken.

Stuttgard, bey Christoph Friedrich Cotta,
Hof- und Canzley-Buchdrucker.
1779

Titelblatt des Württembergischen Gesangsbuchs von 1779 mit Steuerliedern, die auch noch in der Ausgabe von 1821 zu finden sind.

Die Spatzensteuer

Das Schwabenland ist nicht nur die Heimat der „Spätzle", jener schmackhaften Landesspeise, sondern auch der „Spatzensteuer", die ihresgleichen sucht.
Es war die Zeit der Vollendung des Absolutismus in Württemberg, als Herzog Karl Eugen den Kameralisten und Konsulenten der Landstände Johann Jakob Moser in Festungshaft werfen ließ, weil er seine Stimme auch gegen die steuerliche Allmacht des Herrschers zu erheben wagte. Nun waren die Landstände — das „Parlament" der damaligen Zeit — mundtot gemacht, und der Landesvater konnte nach Gutdünken Steuern ausschreiben. Da erfand er ein originelles Spatzenrezept: Man fange ein Dutzend lebendiger Spatzen und lasse sich dafür sechs Kreuzer aus der Steuerkasse des Bürgermeisteramts ausbezahlen; gelingt der Fang nicht, so ist in eben dieselbe Kasse eine Spatzensteuer von 12 Kreuzern zu entrichten. Das zugrunde liegende Spatzendekret ist in Hohenheim, dem Landsitz des Herzogs, ausgegeben worden, wo sich die Tierchen auf den landesherrlichen Feldern und Kornböden üppiger Früchte erfreuten, was anscheinend einen Abmangel an „Spätzle" in der Schloßküche zur Folge hatte. Natürlich gelang es nur wenigen Untertanen, das Spatzensoll vorschriftsmäßig zu erfüllen, da die Vögel „gefangen" abzuliefern waren, also nicht mit Armbrust, Schleuder oder Katzen zur Strecke gebracht werden durften. So wurde das Spatzengeld zu einer laufenden und recht beachtlichen Einnahmequelle, die auf den Steuerbescheiden des Herzogtums alljährlich wiederkehrte.
Die herzogliche Hofküche wußte das Geld in prunkvollen Bankettrezepten unterzubringen. Schon Schillers Vater, der im Dienst dieses Herzogs jahrelang auf seinen Sold warten mußte, hatte seinem Sohn geklagt, daß ein Bankett eine Tonne Goldes verschlinge. Was Wunder, daß in der herzoglichen Karlsschule zu Stuttgart „Die Räuber" entstanden?

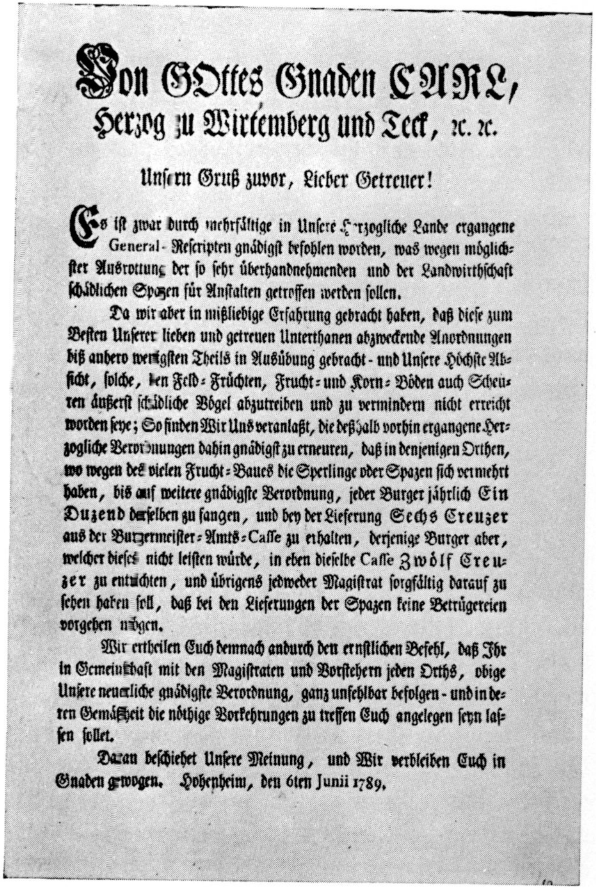

Von GOttes Gnaden CARL,
Herzog zu Wirtemberg und Teck, rc. rc.

Unsern Gruß zuvor, Lieber Getreuer!

Es ist zwar durch mehrfältige in Unsere Herzogliche Lande ergangene General-Rescripten gnädigst befohlen worden, was wegen möglichster Ausrottung der so sehr überhandnehmenden und der Landwirthschaft schädlichen Spazen für Anstalten getroffen werden sollen.

Da wir aber in mißliebige Erfahrung gebracht haben, daß diese zum Besten Unserer lieben und getreuen Unterthanen abzweckende Anordnungen biß anhero wenigsten Theils in Ausübung gebracht - und Unsere Höchste Absicht, solche, den Feld-Früchten, Frucht- und Korn-Böden auch Scheuren äußerst schädliche Vögel abzutreiben und zu vermindern nicht erreicht worden seye; So finden Wir Uns veranlaßt, die deßhalb vorhin ergangene Herzogliche Verordnungen dahin gnädigst zu erneuren, daß in denjenigen Orthen, wo wegen des vielen Frucht-Baues die Sperlinge oder Spazen sich vermehrt haben, bis auf weitere gnädigste Verordnung, jeder Burger jährlich Ein Duzend derselben zu fangen, und bey der Lieferung Sechs Creuzer aus der Burgermeister-Amts-Casse zu erhalten, derjenige Burger aber, welcher dieses nicht leisten würde, in eben dieselbe Casse Zwölf Creuzer zu entrichten, und übrigens jedweder Magistrat sorgfältig darauf zu sehen haben soll, daß bei den Lieferungen der Spazen keine Betrügereien vorgehen mögen.

Wir ertheilen Euch demnach andurch den ernstlichen Befehl, daß Ihr in Gemeinschaft mit den Magistraten und Vorstehern jeden Orths, obige Unsere neuerliche gnädigste Verordnung, ganz unfehlbar befolgen - und in deren Gemäßheit die nöthige Vorkehrungen zu treffen Euch angelegen seyn lassen sollet.

Daran beschiehet Unsere Meinung, und Wir verbleiben Euch in Gnaden gewogen. Hohenheim, den 6ten Junii 1789.

Das „Spatzendekret“ des Herzogs Karl Eugen vom 6. Juni 1789.

Die Bettensteuer

Mit dem Aufkommen des stehenden Heeres stieg der Finanzbedarf des Staates sprunghaft an. Da pfiff in Preußen auch für die Steuereinnehmer ein frischer Wind.

Der Große Kurfürst, dessen Land durch den 30jährigen Krieg schwer darniederlag, zog den Einnehmern Uniformen an, ersetzte die ständische Steuerkammer durch „Kriegskommissariate“ und sorgte für den militärischen Einzug der neuen Heeressteuer. Der Soldatenkönig Friedrich Wilhelm I., erbitterter Feind der Prunksucht und Korruption jener Zeit, richtete Lehrstühle für Kameralismus ein und erzog seine „Kriegs- und Domänenkammern“ zu Unbestechlichkeit, Sparsamkeit und harter Pflichterfüllung. Doch als er die Friedensstärke des preußischen Heeres von 30 000 auf 83 000 Mann erhöhte, ging auch ihm das Geld aus. Da kam er auf einen schelmischen Gedanken: Er ließ die Soldaten auf dem Fußboden schlafen und verkünden, das Geld für Betten und Bettgerät sei ausgegangen. Das jammerte die Mütter und Väter, deren Kinder so zahlreich im Heere dienten, und willig steuerte man den Garnisonstädten „Bettengelder“ bei. Diese aber wurden in eine regelmäßige Bettensteuer umgewandelt, die noch unter dem Alten Fritz so viel einzubringen mithalf, daß er das Heer um weitere 100 000 Mann verstärken konnte.

Es ist die Tragik der Steuergeschichte, daß sie zu einem Gutteil Rüstungs- und Kriegsgeschichte ist. Von Urväters Zeiten an ergießt sich der Strom von Sippen- und Gefolgschaftshilfen über Burg- und Mauerfronen, Kreuzzugssteuern, Türkenpfennigen, Römermonaten und Söldnerbatzen bis zu den Heeres- oder Bettensteuern neuerer Prägung. Was sind wir doch für seltsame Menschen, daß wir ihrer bedürfen!

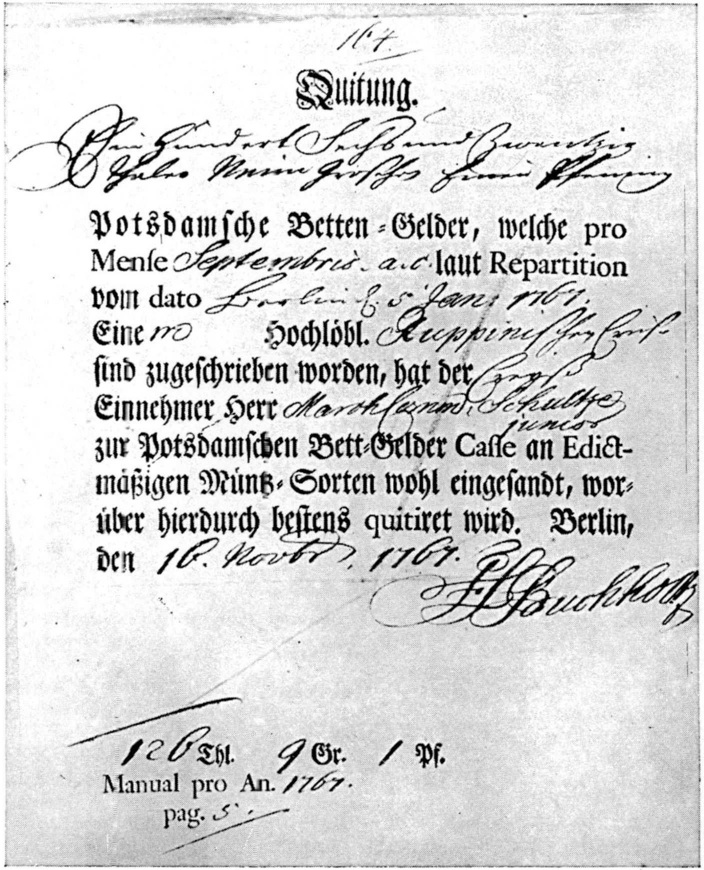

167.

Quitung.

Ein Hundert Sechs und Zwantzig Thaler Neun Groschen Einen Pfennig

Potsdamsche Betten-Gelder, welche pro Mense Septembris a.c. laut Repartition vom dato Berlin d. 5. Jan. 1767. Eine 110 Hochlöbl. Ruppinische Kreis- sind zugeschrieben worden, hat der Crayß Einnehmer Herr [illegible] Schultze junior zur Potsdamschen Bett-Gelder Casse an Edict-mäßigen Müntz-Sorten wohl eingesandt, worüber hierdurch bestens quitiret wird. Berlin, den 16. Novbr. 1767.

[illegible] Buchholtz

126 Thl. 9 Gr. 1 Pf.

Manual pro An. 1767.

pag. 5.

Quittung für einen Steuereinnehmer über die noch 1767 erfolgte Ablieferung der Potsdamer Bettensteuer, die 40 Jahre vorher eingeführt worden war.

Die Kaffeeriecher

„Weder Politik noch Heerwesen können gedeihen, wenn die Finanzen nicht in größter Ordnung erhalten werden und der Fürst selbst nicht sparsam und umsichtig ist. Das Geld gleicht dem Stab, mit dem die Zauberer ihre Wunder hervorbrachten."

Friedrich der Große hat nach diesen seinen Worten gelebt und gehandelt. Er, der den selbstentworfenen Etat des preußischen Staates stets in der Rocktasche bei sich trug, war sein eigener Finanzminister und als solcher in der Tat ein genialer Zauberer. Er finanzierte den Siebenjährigen Krieg aus dem Kriegsschatz, der zu Kriegsbeginn knapp 17 Millionen Taler betrug, aus ordentlichen Staatseinkünften, aus englischen Hilfsgeldern und Kontributionen und hinterließ am Ende einen Staatsschatz von 55 Millionen Talern. Eines der Zaubermittel war seine der damaligen Zeit durchaus entsprechende, aber in ihrem Umfang ungewöhnliche Münzverschlechterung, die er durch den Münzdirektor Ephraim bewerkstelligen ließ. Die spottlustigen Berliner sangen auf die „Ephraimiten", von denen bei Kriegsende noch 10 Millionen in den Kellern lagen: „Außen Silber, innen schlimm, außen Friederich, innen Ephraim." Ein anderes Zaubermittel war die Ausfuhrförderung unter gleichzeitiger Drosselung der Einfuhr. Ein Artikel aber verbreiterte ungebührlich den Strom der Einfuhr: Kaffee aus Übersee. Als er auf jedes Pfund 8 Silbergroschen Steuer legte, blühten der Schmuggel und heimliche Kaffeekränzchen auf. Da setzte der König „Kaffeeriecher" zum Gegenangriff an, Invaliden aus dem Siebenjährigen Krieg, die verdächtige Bürgerhäuser errochen, Kochtöpfe und Speisekammern durchschnüffelten und mit Vorliebe bei Kaffeestündchen überraschten.

Trotz allem lohnt es sich heute noch, im Zauberbuch des Großen Königs zu lesen: „Der Fürst ist der erste Finanzbeamte, der so handeln soll, als solle er jeden Augenblick seinen Mitbürgern Rechenschaft über seine Verwaltung ablegen. Ohne Steuern kommt kein Regierungssystem aus. Die große Kunst besteht nun darin, diese Summen zu erheben, ohne die Staatsbürger zu bedrücken."

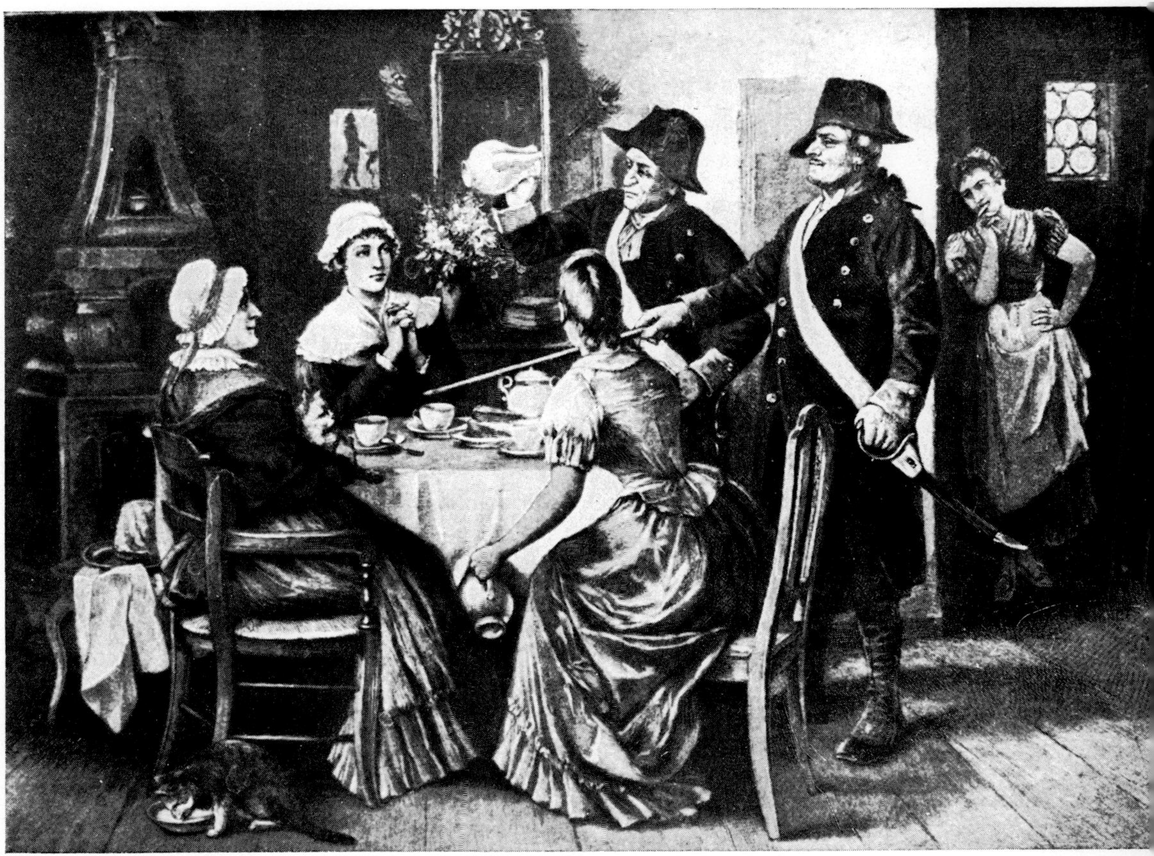

Preußische Kaffeeriecher unter Friedrich dem Großen walten ihres Amtes. Holzstich von L. Katzenstein nach einem Gemälde des 19. Jahrhunderts.

Kontributionstaler

Wenn es einen Gott der Kriegssteuern gäbe, müßte er Janus heißen; denn sie haben ein doppeltes Gesicht.

Noch Friedrich der Große hatte die „Kontribution“ als Heeressteuer im eigenen Lande erhoben. Als die Franzosen über den Rhein rückten, verwandelte sie sich in einen Tribut. In den Koalitionskriegen gegen Frankreich wechselten die Steuern oft täglich ihr Gesicht. „Zwischen Rauben und Bezahlen lebte man immer hin“, schreibt Goethe als bestürzter Teilnehmer der „Kampagne in Frankreich“ über die Kontributionsmethoden der eigenen Truppen. Gleich darauf werden seiner Heimatstadt Frankfurt von den Franzosen Millionen Kontributionen aufgebürdet. Die Umlegung auf die Bürgerschaft, von der auch Goethes Mutter mit dem väterlichen Erbteil des Sohnes hart betroffen wurde, kostete das letzte Silber der reichen Kaufmannsstadt. Weder Tafelgeschirr noch Altarschmuck blieben verschont. Die abzuliefernden Kontributionstaler, die auf der einen Seite noch das stolze Münzwappen der freien Reichsstadt zeigen, klagen auf der anderen vom Joch des Tributs: „Aus den Gefäßen der Kirchen und Bürger“ wurden diese Taler hergestellt.

Was eine Bürgersfamilie an Kriegssteuern aufzubringen hatte, lassen die Kontributionsquittungen von Goethes Mutter ahnen, die man bei ihrem Tode fand. Sie lauteten über 2 558,37 Gulden, ein Betrag, mit dem 50 Fußsoldaten ein ganzes Jahr unterhalten werden konnten. Ihre Briefe an den Sohn stellen köstliche Zeugnisse einer Kontribuentin dar, die das Steuerleid mit unbeugsamer Frohnatur zu tragen verstand: „Wir leben wie mitten im Kriege, müssen Kontributionen geben, und das lustigste ist, daß wir nicht wissen, warum das so ist.“ — „Im Mai müssen wir wieder Kriegssteuern geben, die mich inkommodieren. Gott Lob und Dank! daß mir in meinen 70 Jahren alle diese Unannehmlichkeiten meinen guten Humor nicht verdrängen können.“ — „Die Kriegssteuer, die in diesem Monat wieder gegeben werden muß, erweckt eben keine angenehme Empfindung. Doch ich halte es mit Wielands schönem Sprüchlein:

> Wenn man den Teufel muß verschlucken,
> Muß man ihn nur nicht lang bekucken.“

Kontributionstaler der Stadt Frankfurt an die Franzosen, 1796.

Wider die „Frohndienste der Teutschen“

Es kommt uns heute unglaublich vor, daß unsere Ahnen noch weit ins vorige Jahrhundert hinein Frondienste leisteten: Bau- und Reparaturfronen an den Gebäuden und Wegen der Grundherrschaften und Kirchen, Jagdfronen für den Landesherrn, die Fürsten und Grafen, Feld- und Ackerfronen für den Grundherrn, oft in wochenlangem Einsatz ohne Entlohnung, nur gegen eine Hungerkost.

Schon Goethe, der als Finanzminister in Weimar eine erfolgreiche Steuerreform durchführte, war für die Abschaffung der Bau- und Reparaturfronen und die Reduzierung — hier scheiterte die Beseitigung am herzoglichen Widerstand — des Jagdfrondienstes auf fünf Frontage im Jahr eingetreten. Nach der großen Revolution, die in Frankreich zur sofortigen Abschaffung aller Fronen führte, mehrten sich auch in Deutschland die Beschwerden und Flugschriften gegen diese antike Form der Naturalsteuerpflicht. „Der Burggraf“, so klagen zB die Bauern von Gudenau im Drachenfelser Ländchen um die Wende zum 19. Jahrhundert, „läßt uns so schlecht und trocken das Essen kochen, daß wir die Brühe hinzuweinen möchten. Auf unsere Beschwerde beruft er sich darauf, daß vor hundert und mehr Jahren die nemliche Kost den Dienstpflichtigen gereicht worden sei. Ein Glück für uns, daß er nicht um ein halbtausend Jahre mehr zurück die teutsche Chronik nachgeschlagen und gefunden hat, daß die Teutschen damals noch in verschiedenen Gegenden Eicheln gespeist haben, sonst würde er uns diese zur Saison noch haben auftischen lassen.“ Der Graf verteidigte sich mit den „alten Teutschlandrechten und Gewohnheiten, nach denen Fröner nur Salz und Brot verlangen können“.

Es hat noch Jahrzehnte gedauert, bis die Fronpflicht in den deutschen Landen — in Bayern zB am 1. Januar 1849 — aufgehoben wurde. Freilich kamen dafür die Personalsteuern auf, mit denen künftig die öffentlichen Bauten, Straßen und Dämme finanziert werden sollten. Doch war ein bedeutender Schritt zur gleichmäßigeren Lastenverteilung getan.

Ueber die

Frohndienste der Teutschen

von

D. Bernh. Friedr. Rudolf Lauhn

weil. Churf. Sächs. Hofrath.

Weißenfels und Leipzig,

bey Friedrich Severin. 1795.

Titelblatt einer Streitschrift „Über die Frohndienste der Teutschen" von Hofrath Lauhn, 1795.

Abschied von der Zoll- und Zehntromantik

Die Epoche der deutschen Romantik war nicht nur in der Literatur und Kunst, sondern auch im Abgabewesen ein stimmungsgetragenes Neuerlebnis des Mittelalters. Davon zeugen die letzten Zoll- und Zehntidylle des 19. Jahrhunderts.

Wer eine Reise von Hamburg nach Basel unternahm, durfte an die 400 mal seinen Zollgroschen entrichten. Nach altem Brauch, aus dem romantischen Süden importiert, in den Treibhäusern der Lehensherren und Städte des Mittelalters hochgezüchtet, übten die Landesherren und Städte, Grafen und Fürsten, Äbte und Bischöfe ein buntes Zollregal aus: Torzölle, Passierzölle, Wege- und Chausseegelder, Radgeld, Staubgeld, Rollgeld, Saumgeld, Sperrgeld, Wasserzoll, Brückenzoll, um nur die gängigsten Zollarten zu nennen. In einer einzigen Stadt wie Weimar wurde der Durchreisende noch zu Goethes Zeit an vier verschiedenen Zollstationen kontrolliert und berappt. Spitzweg malte in Bildern von feinem romantischem Stimmungsgehalt humorvoll gesehene Zollstationen und -visitationen, wie er sie noch so zahlreich erlebte. Erst in der Neujahrsnacht von 1833/34 gingen die meisten Schlagbäume im deutschen Binnenland hoch, eine Frucht des Deutschen Zollvereins, der sich aber noch bis 1888 um den Beitritt der letzten Außenseiter — Bremen und Hamburg — bemühen mußte. Auch ist es erst wenige Generationen her, daß zur Erntezeit die hochbeladenen Korn- und Heuwagen noch von den Zehntknechten heimgeführt wurden. Der Zehnte, der nur noch dem Namen nach so hieß, hat die frühmittelalterliche Wirtschaftsform bei uns weit überlebt und ging auf die modernen Staaten des 19. Jahrhunderts über. Noch immer gehörten, wenigstens teilweise, Garben und Heuladungen, Acker- und Gartenfrüchte, Schlachttiere, Eier, Wild und Fische dem Grund- oder Landesherrn. Die Abschaffung des Zehnten war einer der am heißesten umkämpften Programmpunkte der Frankfurter Nationalversammlung von 1848. Seine Ablösung gelang nur mühsam und schrittweise, in Württemberg zB von 1849—1865 oder in Bayern durch die Grundentlastungsgesetze von 1848, 1872 und 1898. Was heute davon übriggeblieben ist, das sind romantische Fachwerkbauten und wuchtige Steinhäuser unter Denkmalschutz: die Zehntscheuern und Kornhäuser, deren Kennzeichen die großen Tore sind, die gefräßigen Mäuler einer vergangenen Zeit.

Zollvisitation im 19. Jahrhundert.

Einlieferung des Jagd- und Fischzehnt an die Abtei.

Die Nachtigallensteuer

Der Schlußverkauf mit den Ladenhütern des Mittelalters — Frondienste, Lokalzölle und Zehntabgaben — im vorigen Jahrhundert war mit einer erregenden Welle von Steuerreformen verknüpft.

Preußens großer Finanzminister Freiherr vom Stein begann mit den Steuerprivilegien des Adels aufzuräumen und die Steuerverwaltung zu erneuern. Der Heidelberger Professor D. H. Eschenmayer veröffentlichte 1808 sein aufsehenerregendes Werk „Vorschlag zu einem einfachen Steuer-Systeme", das schon vor 150 Jahren Anklage erhob gegen das „sieche, verwirrte, unübersichtliche, fehlerhafte und kostspielige Steuer-System". Goethes Kollege und Nachfolger als Finanzminister in Weimar, von Gersdorff, schaffte 1821 sämtliche direkten Steuern ab und ersetzte sie durch eine einzige Einkommensteuer auf der modernen Grundlage der Allgemeinheit der Steuerpflicht und der Berücksichtigung individueller Leistungsfähigkeit, eine bahnbrechende Maßnahme für jene Zeit. Anonyme Pamphlete forderten zögernde Gebiete zur Anpassung der Steuern an die Umwälzungen der Industriegesellschaft auf, so eine Schrift vom Jahre 1860 „Über die Grund-Uebel des Mecklenburgischen Steuerwesens und die Mittel zu deren Heilung". Erst 1891—93 gelang es Finanzminister von Miquel in seiner bewunderungswürdigen Finanzreform, die Reste mittelalterlicher Standesunterschiede im Steuerwesen zu überwinden. Seine bald überall nachgeahmte Einkommensteuer, die die preußische Klassensteuer zu Grabe trug, endete bei einem Spitzensatz von 4 vH.

Zwischendurch flackerten da und dort noch einmal Erinnerungen an mittelalterliche Steueridylle auf, etwa an den Vogelzehnt aus der Zeit der Minnesänger. So führte Hessen noch im Jahre 1853 eine „Nachtigallensteuer" ein, die sich dort still und brav bis 1920 gehalten hat. Sie kostete pro Sänger 5 Gulden im Jahr, ein Betrag, der unter den Vogelbesitzern große Empörung auslöste. Man ahnte damals noch nicht, daß mit der Periode der Nachtigallensteuer ein goldenes Zeitalter der deutschen Steuergeschichte zu Ende gehen sollte.

126 **№ 12.**

Verordnung,

die Abgabe von Nachtigallen betreffend.

Ludwig III. von Gottes Gnaden Großherzog von Hessen und bei Rhein ꝛc. ꝛc.

Zur Vollziehung des §. 3 des Finanzgesetzes vom 29. Dezember 1852 und in Gemäßheit des Artikels 73 der Verfassungsurkunde haben Wir verordnet und verordnen, wie folgt.

§. 1.

Vom 1. Januar 1853 an soll im ganzen Großherzogthum von den Besitzern von Nachtigallen eine jährliche Abgabe von fünf Gulden für jede gehalten werdende Nachtigall erhoben werden.

§. 2.

Eine Befreiung von dieser Abgabe findet nicht statt.

§. 3.

Wer in den Besitz einer Nachtigall kommt, ist schuldig, hiervon innerhalb der nächsten acht Tage dem betreffenden Ortsvorstande die Anzeige zu machen und zwar entweder schriftlich oder mündlich in Selbstperson. Im letzteren Falle hat er sofort den Eintrag zu unterschreiben, welcher von dem Ortsvorstande in einem besonderen Declarationsregister darüber zu machen ist.

Auf gleiche Weise muß derjenige, welcher eine Nachtigall nicht im Besitze behalten hat, hiervon und zwar spätestens bis zum Ablauf des Jahres die Anzeige machen, indem sonst seine Verbindlichkeit zur Entrichtung der Abgabe auch im folgenden Jahre und so lange fortdauert, als er die Anzeige versäumt.

§. 4.

Wer gegenwärtig bereits im Besitz einer Nachtigall ist, und dieselbe nicht abschafft, hat davon und zwar längstens bis zum 20. April d. J., dem Ortsvorstande in der in dem vorigen §. vorgeschriebenen Form die Anzeige zu machen.

§. 5.

Aus den in die Declarationsregister gemachten Einträgen werden jährlich und zwar für dieses Jahr im Laufe des Monats April, künftig aber im Laufe des Monats Januar von den Districtssteuereinnehmern gemeinschaftlich mit den Ortsvorständen Heblisten über die Abgaben von Nachtigallen aufgestellt.

Außer diesen gewöhnlichen Heblisten werden von den Districtssteuereinnehmern Nachtragsheblisten nur über diejenigen Besitzer von Nachtigallen aufgestellt, welche nach §. 7 der gegen

Auszug aus dem Großherzoglich-Hessischen Regierungsblatt mit der „Verordnung, die Abgabe von Nachtigallen betreffend" vom 19. März 1853.

Die Nachtsteuer

Der erste Weltkrieg hat die Lichter der letzten „guten alten Zeit" ausgelöscht. Es wurde wieder dunkel im deutschen Steuerwald. Die große Stunde der „Nachtsteuer" brach an. Die Wende zum 20. Jahrhundert war politisch und wirtschaftlich unter einem günstigen Stern gestanden. Das Steuerbarometer war bei 10 vH des Volkseinkommens, also beim guten alten „Zehnten", zum Einhalt gebracht worden. Jetzt aber, nach dem Krieg mit seinen drückenden Tributen, stieg die Belastung sprunghaft auf das Dreifache an. Waren die Ausgaben des Reichs für das Jahr 1913 noch mit 3,2 Milliarden Mark veranschlagt, so schwollen sie für 1918 auf 48 und für 1919 auf 63 Milliarden Mark an. Im letzten Kriegsjahr ergingen nicht weniger als 12 Steuergesetze. Die ersten unabweislichen Steuermaßnahmen der Nachkriegsregierung waren außerordentliche „Kriegsabgaben", die 1919 binnen 3 Monaten nach Zustellung des Steuerbescheids entrichtet werden mußten, aber „nur" 10 Milliarden — $^{1}/_{6}$ der Reichsschulden — einbrachten. Das erste „Reichsnotopfer" folgte, das alle Vermögen ab 5000 M mit einer Abgabe von 10—65 vH belegte. Die Umsatzsteuer wurde wiedergeboren, die Grunderwerb-, Tabak-, Spielkarten- und Zündwarensteuer erhöht und 1920 der Einkommensteuer-Höchstsatz von 4 vH um das 15fache auf 60 vH heraufgeschraubt. So wie der Reichsfinanzminister mußten auch die Gemeindekämmerer mit Wünschelruten nach neuen Steuerquellen forschen. In Stuttgart sprang die Rute kräftig auf die Nachtlokale an. Da wurde eine regelrechte „Nachtsteuer" ausgerufen, die jeden, der den behördlichen Zapfenstreich übertrat, mit 15 Mark pro Stunde bedachte. Die kommunalen Nachtwächter sattelten auf die Steuereinnehmerei um.

Es war eine lange Nacht der Steuern, bis die Finanzexperten der Weimarer Republik wieder hoffnungsvollere Lichter anzünden konnten.

Nachtsteuermarke der Stadt Stuttgart nach dem ersten Weltkrieg.

Die teuersten Marken der Welt

Es erscheint paradox, daß der Liebhabername des Markensammlers — „Philatelist" — übersetzt wird mit „Freund dessen, was steuerfrei, frei von Staatslasten ist" (griechisch philos = Freund, ateles = lastenfrei, steuerfrei). Die ersten Marken der Geschichte, die im Jahre 1624 aufkamen, waren — Steuermarken. Sie begannen zwei Jahrhunderte früher als die Briefmarken und sollten sich 1923 zu den teuersten Marken der Welt entwickeln.

Es war die Zeit, da sich die Steuern in den Inflationsstrudel stürzten. 1922 waren 14 neue Steuergesetze erlassen worden. 1923 folgte das erste „Gesetz über die Berücksichtigung der Geldentwertung in den Steuergesetzen". Eine „Brotversorgungsabgabe" schloß sich als eine wertbeständige Steuer an. Die zur Zwangsanleihe Herangezogenen mußten eine Sonderabgabe in Höhe des Sechsfachen ihrer Verpflichtung leisten, die sich entsprechend der Steigerung des Roggenpreises laufend erhöhte. Nach dem französischen Einmarsch ins Ruhrgebiet kam die außerordentliche „Rhein-Ruhr-Abgabe" hinzu. Um bei der rasenden Geldentwertung den Effekt für den Fiskus aufzufangen, wurden drakonisch anmutende Säumnisfolgen und Strafen verkündet: Auf verspätete Zahlungen standen Verzugszinsen von 15 und 30 vH je Monat (!), auf Steuerhinterziehungen „Gefängnis bis zu 3 Jahren und Geldstrafe bis zum 20fachen der hinterzogenen Abgabe". Die Vorauszahlungen auf die Einkommen- und Körperschaftsteuer wurden mehrfach verdoppelt, die Kraftfahrzeugsteuer auf das 50fache des Jahresbetrags erhöht. Arbeiter und Betriebe waren mit dem Kleben von Lohnsteuer- und Stempelmarken beschäftigt, die schwindelhafte Werte bis zu 50 Billionen erreichten.

Das war für das Reichsfinanzministerium das Signal zu den „Steuersymphonien", wie das Volk die zu letzter Kraftanstrengung aufrufenden drei „Steuernotverordnungen" an der Wende zur Rentenmark taufte. Unter seinem Meisterdirigenten Hans Luther klangen schließlich mit „Opus 3" die gefährlichen Disharmonien im deutschen Steuer- und Wirtschaftsorchester aus. Er errang einen Applaus eigener Art, als in jenen Frühlingstagen des Jahres 1924 das Lied durch die Straßen zog:

„Warte, warte nur ein Weilchen,
Dann kommt Luther auch zu Dir
Mit der großen Steuerschraube
Und macht Knochenmehl aus Dir!"

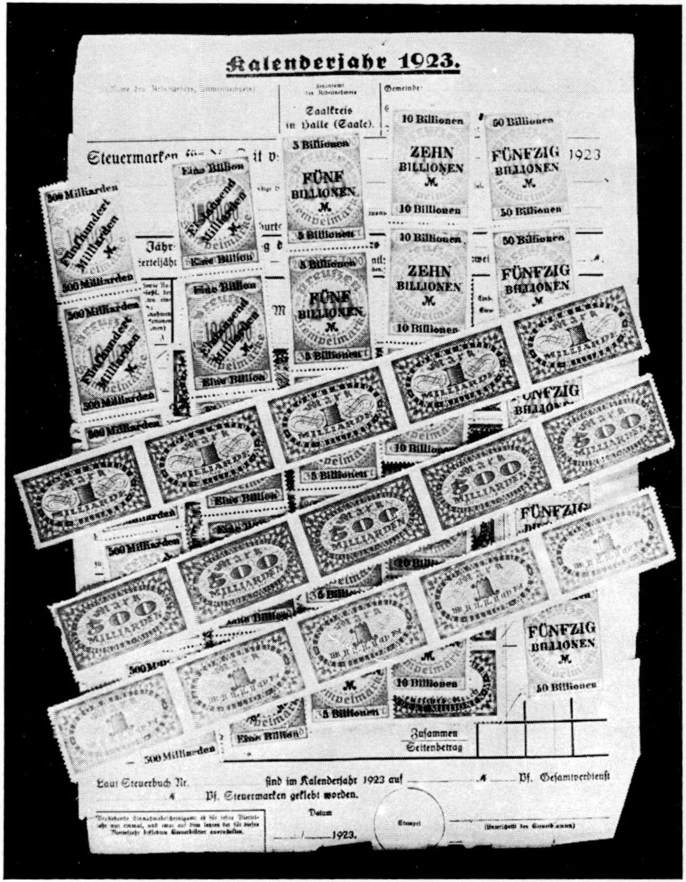

Einkommen-, Lohn- und Stempelsteuermarken von 1923.

Steuergutscheine, die 1939 mit einer Laufzeit bis 1942 (dem geschätzten Kriegsende?) ausgegeben wurden.

Die moderne „Folterkammer“

Die Nachkriegszeit, in der wir heute leben, begann mit einer epidemischen Krankheit: dem „Finanzamtstrauma“, einer Gemütserschütterung, die geschichtsträchtige Visionen auslöste.

Angefangen hat es mit den Daumenschrauben der Besatzungszeit, die nach 1945 den Spitzensatz der Einkommensteuer auf 90 vH hochtrieben. Wie ein Gang durch die „Eiserne Jungfrau“ wirkte die Währungsreform von 1948, die 90 vH des restlichen Geldes kostete. Die Steuerlasten bei der Wiederankurbelung von Staat und Wirtschaft ab 1949 drückten wie Bleigewichte das Fleisch in die Folterschrauben. Zwar wurden inzwischen durch etliche Steuerreform-Spritzen nicht zu verheimlichende Erleichterungen erzielt. Aber das auf jedermann ansprechende Heilserum in Form einer umfassenden Steuersenkung und entwirrenden Steuervereinfachung wird die Labors noch lange beschäftigen. Ja, es ist wirklich wie ein Teufelstanz: Wenn wir auf der einen Seite den Staat zu höheren Leistungen anspornen — zB zur Stärkung unserer Sicherheit und Versorgung, zur rascheren Beseitigung der Kriegsschäden, zur Verbesserung der Straßen, zur Förderung des Wohnungsbaus, zum Neubau von Schulen und Universitäten —, dann hat dies dummerweise gleich wieder ein Anziehen der Steuerschrauben zur Folge. Aber man klopft nicht gern an seine eigene Brust. Tatsache bleibt, daß der Gang zur steuerheischenden Obrigkeit eine seelische Gleichgewichtsstörung hervorruft, in deren Ursachenkette das Finanzamt zur Zielscheibe der traumatischen Reaktionen gemacht wird.

Ein fideler Bürger im romantischen Rothenburg ob der Tauber hat seiner Vision bildhafte Gestalt gegeben: Er entführte eines Nachts dem städtischen Museum das Schild der „Folterkammer“, um es unter das Finanzamtsschild zu hängen. Das wirkte wie eine Erlösung. Die Steuerzahler amüsierten sich königlich — ihr befreiendes Lachen war die entbehrte Medizin. Auch die Finanzbeamten, die unter den modernen „Folterwerkzeugen“ — Gesetzesflut, Formularwirrwarr und Terminhetze — gleichermaßen leiden, zeigten sich von ihrer heiteren Seite. In einer ihrer „Folterkammern“ hängten sie eine Wandtafel auf, die den Steuerzahler Hand in Hand mit dem Steuerbeamten zeigt über dem Stoßseufzer:

„Auch wir Beamten zahlen Steuer
und ärgern uns oft ungeheuer;
gerade drum und dessentwegen
sind wir im Grunde doch Kollegen.“

Ein Schild-Bürgerstreich im romantischen Rothenburg o. d. T. gegen das „Finanzamtstrauma“.

Der Steuerberater, dein Arzt und Retter

Die Dynamik unseres Zeitalters hat uns ein Kuriosum eigener Art beschert: die Aufblähung des Steuerrechts bis zur Unkenntlichkeit.

Hatte das preußische Klassensteuergesetz von 1820 ganze 10 Paragraphen umfaßt, so ist sein Nachfolgekomplex allein im Einkommensteuergesetz mit der Durchführungsverordnung auf rund 140 Paragraphen angeschwollen, das verwirrende Bündel von Nebengesetzen nicht mitgerechnet. Die Quantitätssteigerung riß auch die Steuersätze mit sich, in der Spitze von anfänglich 4 % auf heute 56 %, d. h. im gleichen Verhältnis von 1 : 14.

Allein in der 7. Legislaturperiode, also in den Jahren 1973 bis 1976, sind 43 Steueränderungs- und Steuerreformgesetze ergangen. Für die heutigen 50 Steuerarten hat sich unser Corpus tributarium in seinem fortgeltenden Grundbestand auf rund 90 Fachgesetze und etwa 100 Rechtsverordnungen ausgedehnt, ergänzt und ausgelegt durch jährlich etwa 100 Verwaltungserlasse des Bundes, 1000 der Länder, 700 der Oberfinanzdirektionen und — neben gut 5000 noch relevanten höchstrichterlichen Entscheidungen aus früherer Zeit — rund 500 veröffentlichten Urteilen des Bundesfinanzhofs pro Jahr.

Aber es hilft alles nichts: Wir müssen dieses Monstrum bezwingen! Es kommt alle Jahre wieder in Gestalt der gespenstischen Steuererklärung mit 100 bis 800 Fragen auf uns zu. Fragen, die an Herz und Nieren gehen können.

Und doch: Es gibt einen helfenden Arzt, einen Retter in der Not, der verborgene Steuervergünstigungen, Sonderfreibeträge, ermäßigte Steuersätze, erhöhte Abschreibungen, Bewertungsfreiheiten, Werbungskosten, Sonderausgaben, außergewöhnliche Belastungen und wie die schwerverständlichen Rezepturen alle heißen, als Lindemittel zu verschreiben versteht. Es ist der Steuerberater, einer der begehrtesten und segensreichsten Heilberufe, der überdies das Honorar des Patienten fast schmerzlos an dessen Steuer absetzen darf. Mit seinen steigenden Erfolgen in der Steuermedizin hat sein Berufsstand inzwischen die höchste Stufe der öffentlichen Anerkennung erreicht: eine eigene Berufskammer des öffentlichen Rechts, in der die stattliche Zahl von über 35 000 Berufsangehörigen zusammengeschlossen ist.

Auf ihrem Praxisschild drückt eine Berufsangehörige treffend durch ihren Namen aus, was sie eigentlich ist: ein „Dockter“, spezialisiert auf Herz und Nieren der Steuerzahler.

BUNDESSTEUERBERATERKAMMER
Körperschaft des öffentlichen Rechts
Eine Treppe höher

G. Dockter
Steuerberaterin

Der letzte „Akt“

Gespannt öffnen wir nun den Vorhang zum letzten Akt. Da steht er heute, nach fünftausendjähriger Tragikomödie, wieder da wie am Anbeginn: der Steuerzahler im Adamskostüm, als leibhaftiger „Akt“ der Steuerbürokratie des 20. Jahrhunderts.

Der Holzschnitzer, der dieses wagemutige Selbstporträt schuf, hat seine Steuerkomplexe in beneidenswerter Weise bewältigt. Er hat sie mit Messer und Pinsel gebändigt. Seine verschränkten Hände deuten auf den Sündenfall im Paradies, aus dem er seinerzeit mit den Worten vertrieben wurde: „Verflucht sei der Acker um deinetwillen, mit Kummer sollst du dich darauf nähren dein Leben lang. Dornen und Disteln soll er dir tragen.“ Wie seither unsere liebreiche Mutter Natur den Dornen und Disteln, Stechmükken und Heuschrecken ihren festen Platz zugewiesen hat, so unser Vater Staat den Steuern, auf daß sie uns den vorgeschriebenen Kummer bereiten. Wie die Dornen- und Mückenstiche und Blitz und Donner unabdingbare Zeugen für die freudenspendenden Blüten und Singvögel in der aufsteigenden Sonne sind, so die Abgaben für die Verkehrspolizisten, Bauämter und Entwicklungsbehörden des fortschrittlichen Staates.

Steuern gehören seit eh und je zum Schicksal des Menschen. Schon diese Einsicht in das im Grundsatz Unabänderliche sei uns Trost. Und sie sind in ihrer Grausamkeit, List oder Kunst so kurios, wie der Mensch sie gestaltet. Ihre Bewältigung ist im Grunde ein menschliches Problem. Was uns als mitgestaltenden und mitleidenden Kindern unseres Vaters Staat dabei nottut, das enträtselt das hölzerne Symbol des gewissenhaften Steuerzahlers: Humor! Jene Haltung, in der etwas wie Seelengröße steckt, die das Übel mit dem gehörigen Abstand betrachtet, die sich aus Verbitterung oder Verzweiflung emporhebt — nicht als begnadete Veranlagung, sondern als mühsam errungene Weisheit.

▶

„Der gewissenhafte Steuerzahler.“ Stiftung eines Holzschnitzers aus dem Kleinen Walsertal als Denkmal für das Steuermuseum.

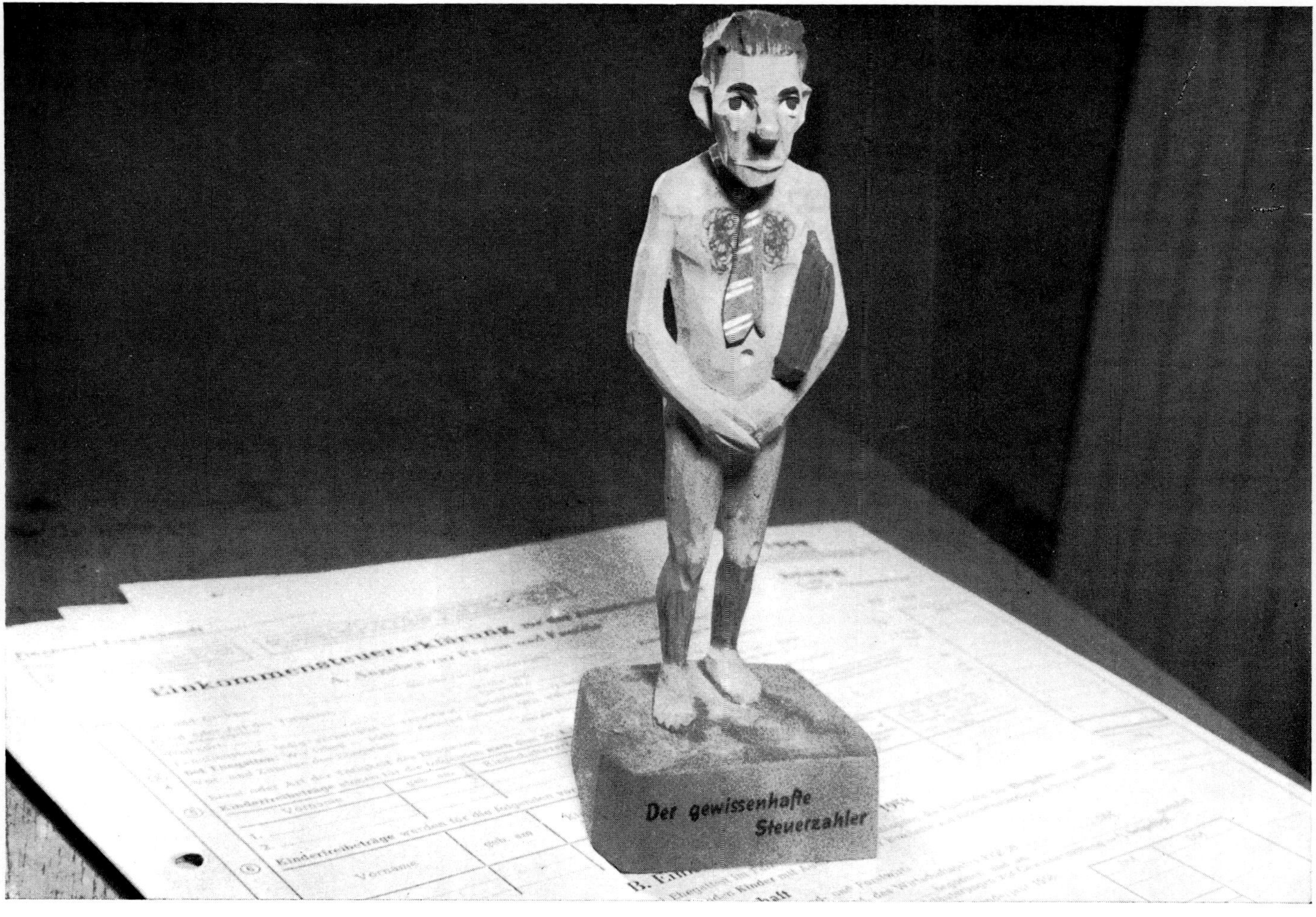
Der gewissenhafte Steuerzahler

Bildnachweis

S. 9: Foto Du Pont, Wilmington/USA
S. 13: Foto Britisches Museum London
S. 15: Fotos Deutsches Museum München
S. 17: Bildarchiv Foto Marburg
S. 21: Bildarchiv Foto Marburg
S. 23: Foto Du Pont, Wilmington/USA
S. 25: Foto Britisches Museum London
S. 27: Foto Alinari, Rom
S. 31: Foto Alinari, Rom
S. 33: Bildarchiv Foto Marburg
S. 35: Bildarchiv Foto Marburg
S. 37: Bildarchiv Foto Marburg
S. 39: Foto Universitätsbibliothek Heidelberg
S. 41: Foto Nationalmuseum München
S. 53: Historisches Bildarchiv Handke - Berneck

Vom selben Autor liegt vor:

Steuerromantik

rund um Bettina von Arnims Hundesteuerprozeß. Von Dr. Alfons Pausch. 60 Seiten mit 24 Abbildungen, 17,5 x 21 cm, 1978, gbd. 18,– DM. ISBN 3 504 01863 1

„Auf den Hund kommen“ – das könnte eine Redensart aus der Geburtszeit der Hundesteuer sein, und zwar in doppeltem Sinne: zunächst als freudiger Aufruf dessen, der diese Steuerquelle entdeckte, sodann als Ausdruck des Leides beim Betroffenen, der durch die zusätzliche Belastung finanziell mehr und mehr herunterzukommen drohte. In dieses Spannungsfeld von Freud und Leid ist auch der Hundesteuerprozeß der Bettina von Arnim einzuordnen. Milieumäßig gehört er dem Biedermeier an, gattungsmäßig der Romantik, die nicht nur in der Literatur, sondern auch in der Steuergeschichte, wie dieser Fall zeigt, eine Wandlung durchgemacht hat. Pausch hat es verstanden, den dokumentarischen Sachbuchteil aufzulockern durch humorvoll satirische Betrachtungen und Bilder, die historisches Wissen in unterhaltsamer Form vermitteln. Sowohl für die Steuerfachwelt als auch für die Freunde der Romantik und nicht zuletzt für die Millionen Hundeliebhaber wird die Lektüre dieser Neuerscheinung von hohem Reiz sein.

Verlag Dr. Otto Schmidt KG